AF140421

Dorothea Puschmann

Da sitzt der Wurm drin

Satirisches in Geschichten und Versen

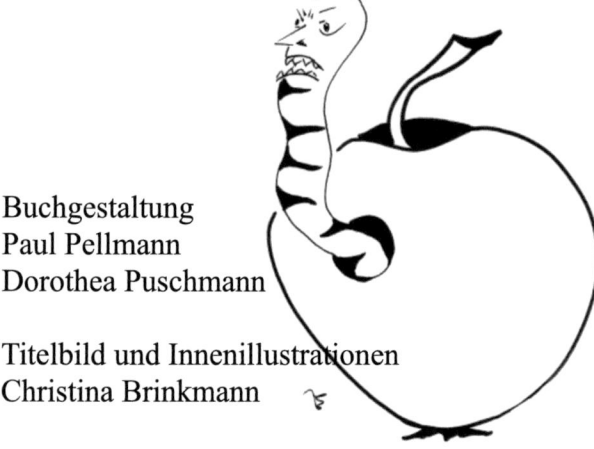

Buchgestaltung
Paul Pellmann
Dorothea Puschmann

Titelbild und Innenillustrationen
Christina Brinkmann

Verse aus: Dorothea Puschmann
Fast wie im richtigen Leben, 1999
Capricorn Literaturverlag, Telgte

Dorothea Puschmann, Da sitzt der Wurm drin
Satirisches in Geschichten und Versen
mit 16 Illustrationen
© 2014 BoD, Books on Demand GmbH
alle Rechte vorbehalten
ISBN 978-3-7357-5646-6
Herstellung und Verlag:
BoD - Books on Demand, Norderstedt

Verse

Satirische Kurzgeschichten

Allmorgendlich

Ich steh mit meinem Dackel Mücke
allmorgendlich auf einer Brücke
und spucke weil das so sein muss
hinab in einen großen Fluss
schau dann der Spucke lange nach
wie sie dahintreibt mal gemach
und manchmal auch in großer Schnelle
den Fluss hinab auf einer Welle
die Mücke bellt dann immer sehr
und möcht am liebsten hinterher
ich tu es nur wenn keiner guckt
weil´s unfein ist wenn einer spuckt

Notfall-Krankenhaus 2012

2012. Städtisches Notfall-Krankenhaus, kurz nach 20 Uhr. Es handelt sich um ein heruntergekommenes Gebäude aus den Sechzigern des vergangenen Jahrhunderts. Die meisten der Scheiben sind blind oder zersplittert, die Aufschrift *Notfall-Krankenhaus* auf dem Schild über der Eingangstür ist mehr zu ahnen, als zu lesen.

Ein junger Mann steht schmerzverkrümmt vor dem Eingang. Die Tür ist verschlossen. Er klingelt. Nichts rührt sich. Nach mehrmaligem Läuten, Klopfen und Rufen rauscht es in der Sprechanlage. Gleichzeitig setzt sich die Außenkamera über der Tür mit einem rostigen Knirschen in Bewegung, bis ihr Auge auf den Leidenden gerichtet ist. Schließlich vernimmt er eine mürrische Stimme:

»Geschlossen.«

»Geschlossen?«, stöhnt der junge Mann, »aber ich bin ein Notfall, Sie müssen mich aufnehmen!«

»Müssen?«, kommt es zurück, »wir müssen gar nichts. Außerdem sind wir überbelegt, kein Bett mehr frei. Versuchen Sie es in ein paar Tagen wieder.« Knacken in der Sprechanlage. Stille.

Der junge Mann ist völlig verzweifelt und läutet Sturm.

»Ich habe doch gesagt, es ist aussichtslos, alle Betten belegt.« Wieder diese mürrische Stimme.

»A...aber«, stottert der junge Mann, »Sie müssen mir helfen, das ist doch Ihre Pflicht! Mir ist schon seit Tagen schlecht, und sehen Sie, hier unten rechts im Bauch, da tut es mörderisch weh!«

»Wenn Sie es sagen. Vielleicht der Blinddarm?«

»Was weiß ich, ich hatte gehofft, das könnte mir ein Arzt sagen.«

»Es ist kein Arzt frei.«

»Aber -«

»Junger Mann, Sie hören mir nicht zu. Kein Arzt, kein Bett. Allerdings ...«

»Ja? Was ist allerdings? Bitte, Sie müssen mir helfen, mir ist so übel, ich muss mich unbedingt hinlegen.« Der junge Mann stöhnt herzerweichend.

»Allerdings«, wiederholt die Stimme, »eine Möglichkeit gäbe es vielleicht noch. Ich sehe gerade, eine Kabine wird frei, der kleine OP-Raum.«

»Oh, gut.« Der junge Mann atmet ein wenig auf, soweit das bei seinen großen Schmerzen möglich ist. »Dann lassen Sie mich doch bitte endlich herein.«

»So einfach ist das nicht«, kommt es streng, »erst müssen wir, das ist Vorschrift, noch einige Formalitäten klären.«

»Großer Gott, was denn nun noch? Ich kann nicht mehr«, röchelt der junge Mann. »Hilfe, warum hilft mir denn niemand?«

»Ohne Formalitäten keine Untersuchung, keine OP. Wo denken Sie hin, junger Mann. Klingeln hier einfach und wollen sofort ein Bett, einen Arzt. Sind Sie privat versichert oder zusatzversichert?«

»Was?«, der Kranke schnappt nach Luft, fasst sich dann aber mühsam wieder. »Nein«, ächzt er, »nur ein einfacher Kassenpatient.«

»So.« Bei aller Kürze des Wortes ist die Enttäuschung- oder ist es eher Verachtung?- nicht zu überhören. »Na ja, immer mit der Ruhe, dann schauen wir mal, was wir hier haben.«

Das typische Geräusch eines Zippo-Feuerzeugs ist zu hören, gefolgt von einem tiefen Inhalieren. Gleichzeitig mit dem Ausatmen meldet sich die Stimme wieder: »Sie können sich glücklich schätzen, junger Mann. Ich habe hier zwei Angebote zur Auswahl. Das erste ist unser Super-Night-Spartarif für den Erstbesuch. Es ist doch Ihr erster Besuch hier?«

»Jaja, was bedeutet dieser Tarif?«

»Sie erhalten von uns für zwei Stunden den kleinen Selbsthilfe-OP-Koffer. Gegen eine Leihgebühr, versteht sich. Der enthält alles, was Sie für eine Untersuchung und kleine Operation benötigen. Gebrauchsanleitung, Medikamente, Geräte- alles drin. Aber in zwei Stunden müssen Sie ihn wieder abgeben, sauber und die Bestecke sterilisiert, versteht sich. Ihr Nachfolger soll sich schließlich nicht infizieren. Hallo, hören Sie mir noch zu?«

Röcheln. Dann mit zittriger Stimme: »Und das andere Angebot?«

»Wir haben hier ein paar Erstsemester. Wir mussten ja alle mal klein anfangen, und ganz ohne Übung geht es schließlich nicht.

Hallo, hören Sie? Hallo, hallo, sind Sie noch da?«

Frau M. hat Geburtstag

Es ist halb sieben als es klingelt
der Wecker ist es nicht der bimmelt
am Telefon ist Freundin Ute
und wünscht als Erste alles Gute
zum Fünfzigsten samt Kinderchor
brüllt es im Hörer an ihr Ohr
Frau M. dankt herzlich das ist nett
und kriecht zurück ins warme Bett
die Ruhe dauert zwei Sekunden
es klingelt wieder falsch verbunden
von sieben an am Apparat Familie
durch Fleurop grüßt mit einer Lilie
Exgatte Kurt aus Wanne-Eickel
es wird jetzt eng und langsam heikel
das Wasser kocht der Hund muss raus
und sie rutscht aus auf einem Strauß
die Nachbarn grüßen sehr verbunden
vom Fallen sind die Knie zerschunden
jetzt erstmal einen Frühstückstee
die Knie tun ihr ziemlich weh
danach deckt sie den Kaffeetisch
für nachmittags und macht sich frisch
sie nimmt im Bad grad eine Brause
da wird es laut vor ihrem Hause
es bläst ihr der Gemeindechor
ein Ständchen mit Posaunen vor
Frau M. steht winkend an der Scheibe
mit sozusagen nichts am Leibe
da nahen früh die ersten Gäste
und sie springt rein in Rock und Weste
das Telefon kennt kein Erbarmen
wer ist um Himmels Willen Carmen

nun zieh doch mal den Stecker raus
der Tipp des Tages kommt von Klaus
sie schwört im nächsten Jahr in jedem Falle
könnt ihr mich herzlich und zwar alle

Hasi Ostermann

»Und, wie läuft es mit dem Schreiben?«, möchte meine Freundin Lisa wissen. Sie ist wieder mal ,nur eben auf eine Tasse Tee', wie sie es nennt, hereingeschneit. Lisa schaut meistens als Erstes neugierig auf den Bildschirm meines Laptops, so auch heute.

»Weg da«, murre ich, »die Story ist noch völlig unfertig.«

»Worum geht es denn in der Geschichte?«, fragt sie. »Wird es eine längere oder eine kürzere?«

»Es wird eine kürzere und zwar eine über Hasi Ostermann«, erkläre ich.

»Warum eine kürzere?«, möchte meine stets am Schicksal anderer interessierte Freundin wissen.

»Das liegt unter anderem daran, dass es nur eine saisonale Geschichte ist, um Ostern herum passiert, und Hasi Ostermann danach wieder in den Karton muss. Bis zum nächsten Jahr.«

»Und wenn du mal einen Roman schreiben würdest?«, schlägt Lisa vor. »Dadurch wirst du nämlich noch schneller noch berühmter.«

»Lieben Dank für das *noch*«, murmle ich, »und überhaupt deine Fürsorge, die ich natürlich sehr zu schätzen weiß. Aber das ist nicht so sehr mein Ding«, erkläre ich weiter, »das Schreiben von Romanen. Ich verfasse gern kurze Geschichten.«

»Kannst du anschließend immer noch«, beharrt sie. »Ich habe gelesen, dass viele Kurzgeschichtenschreiber erst so richtig zu Ruhm gelangt sind, nachdem sie einen Roman vorgelegt hatten. Irgendeinen, ist gar nicht so wichtig, wovon er handelt. Es spielt noch nicht einmal eine große Rolle, ob der Inhalt besonders gut ist.«

Die letzte Aussage missfällt mir entschieden, ich behalte das Gefühl aber für mich, ich möchte einer Diskussion über gute oder schlechte Romane aus dem Weg gehen. Wenigstens heute. Stattdessen resümiere ich: »Der Roman also als einzig mögliche Eintrittskarte ins anerkannte Schriftstellerleben? Ist es das, was du mir soeben von hinten durch die Brust mitteilen möchtest. Findest du das nicht selbst merkwürdig? Kurzgeschichten erfordern ein hohes Maß an schriftstellerischem Talent. Übrigens ebenso wie gute Gedichte. Endlos schwadronieren kann doch beinah jeder. Es soll Autorinnen geben, die haben eine einzige langweilige Tapete über zehn Seiten beschrieben. Männer können das auch gut, nur eben nicht über Tapeten. Es sei denn, sie verkleben sie.«

»Schon«, gibt Lisa grinsend zu. Ich möchte wetten, sie denkt gerade an das letzte Tapezier-Abenteuer mit ihrem Freund Tom vor einem Jahr. Tom ist der mit den zwei linken Händen, dennoch dauert die Beziehung mit ihm für Lisas Verhältnisse schon ungewöhnlich lang. Irgendetwas muss er also haben.

»Aber du weißt ja«, fährt Lisa fort, »wie die Menschen sind.«

Nein!, möchte ich rufen. Eben nicht. Aber ich bleibe leise und lausche ihren Worten.

»Viele lesen wirklich gern etwas Längeres, einen dicken Schmöker zum Abschalten. Kurzgeschichten sind so schnell zu Ende.«

»Da ist etwas dran«, stimme ich zu, »wie die Bezeichnung schon ausdrückt. Aber, Lisa, viele Menschen sind vielleicht auch ganz froh darüber, nicht allzu viel lesen zu müssen, weil sie abends oder am Wochenende müde sind und dann gern nur ein bisschen lesen würden. Wenn du bei einem umfangreichen Werk immer nur sehr wenig auf einmal schaffst, verlierst du irgendwann das Gefühl für den Zusammenhang und schließlich auch den Spaß daran. Verstehst du?«

»Klar, das geht mir ja selbst auch so.« Lisa spielt nervös mit ihrer Zigarettenschachtel und dem Benzinfeuerzeug.

»Und dann«, erkläre ich, »soll es doch ruhig die geben, die Romane schreiben und die, die lieber kurze Geschichten verfassen. Ergänzt sich doch gut; für beides gibt es interessierte Leser.«

»Ja.« Lisa nickt.

Gerade denke ich erleichtert, wir hätten das Thema nun ein für allemal geklärt, da fügt sie hinzu: »Ich meinte ja auch nur, schon wegen des Geldes, und weil man für Romane doch wesentlich leichter einen Verlag findet.«

»Ach so«, staune ich, »das ist es also. Darum geht es. Es geht ums Geld!«

»Geht es letztlich nicht immer nur darum?«, kontert sie und wippt nervös auf ihren Füßen hin und her. Von den Ballen zur Ferse und zurück.

Ich erwähne Hasi Ostermann. Ganz nebenbei.

»Was ist mit Hasi Ostermann?« Lisa schaut mich irritiert an und stellt für einen Moment das Wippen ein.

»Auch so einer, der glaubte, Geld sei das Wichtigste im Leben, und damit könnte man alles machen«, deute ich an.

»Und, was ist aus ihm geworden?«, möchte meine Freundin wissen und läuft jetzt im Zimmer auf und ab. Von der Tür zum Fenster, vom Fenster zur Tür. Sie würde zu gern eine Zigarette rauchen.

»Interessiert dich das wirklich?«, frage ich zurück.

»Klar.«

»Arm ab, Bein ab, Kopf unterm anderen Arm. Willst du noch mehr hören?«

Meiner Freundin ist die letzte Farbe aus dem Gesicht gewichen, doch sie nickt.

»Also gut, ich erzähl dir die Geschichte, aber ich habe dich gewarnt. Komm nicht hinterher an und jammere mir die Ohren voll. Schenk uns noch eine Tasse ein und dann setz dich ruhig hin, um Himmels Willen!«

Als es nun bald Frühling werden sollte, bekam Hasi Ostermann von oben, von der Frühlings- und Fruchtbarkeitsgöttin Ostara, den Auftrag, sich sein Fahrrad und die große Kiepe zu nehmen, um damit unverzüglich in die nächste Eierfabrik zu fahren und genügend Eier zu besorgen. Anschließend, ordnete Ostara an, gehst du in deine Werkstatt und pustest einen Teil der Eier aus, die anderen kochst du hart. Danach müssen alle schön bunt bemalt werden. Aber bitte vorsichtig und sorgfältig. Dass es nicht wieder so ein Gekleckse wird wie im letzten Jahr. Wenn du damit fertig bist, versteckst du die Eier heimlich, am besten über Nacht, in den Gärten der Menschen. Und vergiss nicht, Ostern müssen alle Eier ausgeliefert sein.

Puh!, bemerkte Hasi Ostermann grübelnd, nachdem die Göttin Ostara fertig war mit ihren Anweisungen, das bedeutet aber mächtig viel Stress. Ich weiß nicht, ob ich das alles in der kurzen Zeit schaffe. Die Wahrheit war, er hatte nicht die geringste Lust, diese Arbeit zu machen.

Nimm dir ein paar Kollegen, riet Ostara und reichte ihm einen Lederbeutel. Hier ist das Geld für deinen Lohn. Denk aber daran, gut damit hauszuhalten. Und nun entschuldige mich, ich habe noch eine Menge zu tun. Bis zum nächsten Jahr. Mit diesen Worten entschwand sie.

Hasi Ostermann versuchte, ein paar Kollegen anzuheuern. Der eine, den er fand, hielt seinen rechten Vorderlauf in einer weißen Schlinge, ein anderer hatte ein Gipsbein, weshalb er an Krücken humpelte. Ein dritter trug über einem Auge eine schwarze Klappe und dem letzten, den Hasi Ostermann finden konnte, hatte man gleich einen kompletten Kopfverband verpassen müssen. Er saß einfach nur still auf einem Stühlchen und reagierte auf nichts mehr. Und all die anderen Mümmelmänner? Sie waren entweder der letzten Treibjagd zum Opfer gefallen- die Jagdgesellschaften führten sich in letzter Zeit immer rabiater auf- oder hatten sich zuvor so gründlich verkrochen, dass sie gar nicht mehr aufzutreiben waren.

Tja, Hasi Ostermann grinste in sich hinein, man muss eben wissen, wie man sich vor diesen Grünröcken und Möchtegern-Waidmännern samt ihren Hunden versteckt. Schon seit Jahren hatte er mit Axel Dachsmeier einen Deal. Der ließ ihn gegen eine entsprechende Summe für die Zeiten der Jagd in seinem weit verzweigten Bau unterschlüpfen. Axel Dachsmeier und Hasi Ostermann hatten im Laufe der Zeit eine ausgeklügelte Strategie entwickelt, eine Schutzvorrichtung sozusagen, an der auch der intelligenteste und ausdauerndste Teckel scheiterte. Und nun zum Job, dachte Hasi Ostermann. Lasse ich eben die dummen Hühner für mich arbeiten. Die sind zu Hunderten und ein bisschen Bewegung kann denen ohnehin nicht schaden. Umso schneller sind die Eier fertig. Er packte Farben und Pinsel in seine Kiepe und fuhr mit seinem Fahrrad in die Eierfabrik.

Schon von weitem sah er die Schilder: Dieser Betrieb wird auf unbestimmte Zeit bestreikt. Gerechter Lohn für unsere Arbeit! Außerdem fordern wir eine Arbeit in Freiheit!

Hasi Ostermann stöhnte. Auch das noch. Das passte ihm jetzt aber gar nicht. Er ging in die Fabrik, stellte sich vor die große, durcheinander gackernde Hühnerschar und rief laut: Was fordert ihr denn an Lohn? Ich zahle euch, was ihr wollt, wenn ihr nur diese Eier für mich bemalt.

In der großen Halle wurde es augenblicklich still.

Das Material, Pinsel und Farben, bekommt ihr natürlich von mir gestellt, ergänzte Hasi Ostermann.

Es dauerte eine Weile mit der Antwort, denn die Hühner wollten sich erst beraten. Schließlich nannten sie ihm ihren Preis. Es war eine beträchtliche Summe.

In Ordnung, sagte Hasi Ostermann, einverstanden.

Wirklich?, fragten die Hühner misstrauisch. Du bist mit unserer Forderung einverstanden?

Klar, aber ihr müsst im Akkord arbeiten. Das waren die Hühner gewohnt.

Eine Bedingung haben wir noch, sagte das Oberhuhn. Für die Dauer der Arbeit musst du uns die Käfige öffnen.

Hasi Ostermann sah keinen Grund, dieser Forderung nicht zu entsprechen.

Schnell bemalten die Hühner die Eier hübsch und bunt. Das war doch mal eine Abwechselung in ihrem ansonsten recht tristen Dasein. In kurzer Zeit war die große Kiepe randvoll gefüllt.

Wartet einen Moment, bat Hasi Ostermann, ich bring sie nur eben schnell raus zum Fahrrad, dann komme ich wieder und bezahle euch.

In Wirklichkeit aber dachte er gar nicht daran, die Hühner für die geleistete Arbeit zu entlohnen, hatte es zu keiner Zeit vorgehabt. Was sollte auch schon passieren? Er würde sich einfach aus dem Staub machen, war ohnehin viel schneller als sie. Diese degenerierte Brut konnte doch höchstens noch ein paar Hüpfer tun. Das Geld, das er von Ostara bekommen hatte, brauchte er dringend für sich. Außerdem hatte Axel Dachsmeier eine drastische Erhöhung der Schutzgebühr angekündigt. Und das, obwohl er, Hasi Ostermann, maßgeblich mit an der Sicherheitsvorrichtung getüftelt hatte.

Als er die Halle verlassen wollte, stellte sich ihm plötzlich eine ganze Garde Hühner in den Weg. Ihre Schnäbel wirkten scharf wie Messer und die Krallen erst.

Du bist auch nur einer von denen, stellte das eine Huhn, das Oberhuhn, wie Hasi Ostermann erkannte, fest. Einer von denen, die uns nur ausbeuten und betrügen wollen. Es tat einen Schritt nach vorn.

Ich … ich … ich wollte doch nur, ich hätte wirklich …, stotterte Hasi Ostermann zu Tode erschrocken, hob abwehrend die Pfoten, während er noch verzweifelt versuchte, rückwärts durch das Tor zu entkommen. Doch das Tor war jetzt verschlossen. Das Oberhuhn wedelte mit dem Schlüssel. Suchst du vielleicht den hier?

Ich bin mit der Geschichte fertig. Eine Weile sitzen wir schweigend da. Lisa wirkt nachdenklich; die Ellenbogen auf den Oberschenkeln, den Kopf schwer in beide Hände gestützt erweckt sie den Eindruck, als trüge sie eine unsichtbare Last.

Schließlich bemerke ich: »Geld ist eben nicht alles im Leben. Man denkt nur, man könne alles damit machen, aber das klappt nicht immer.«

Meine Freundin nickt, wirft einen Blick auf ihre Uhr und hat es mit einem Mal sehr eilig. »Mensch, ich wollte doch nur eben auf eine Tasse Tee bei dir vorbeischauen, und jetzt ist es schon wieder so spät darüber geworden. Bis dann mal!« Und weg ist sie, durch die offene Tür.

Vergeben

Er liebte sie sie liebte nicht
und sagte ihm das ins Gesicht
so völlig geradeaus und offen
macht einen das doch sehr betroffen

Auch nicht sprach er 'ne kleine Spur
ein kleines bisschen Hoffnung nur
da lachte sie und ging von hinnen
als sei er nicht bei Trost und Sinnen

Viel später war's und gerade Mai
da kam sie doch noch mal vorbei
und wie das oftmals ist im Leben
war es zu spät und er vergeben

Armes Huhn

Ein Huhn - es sollte in den Topf
lief durch die Gegend ohne Kopf
noch ein paar Meter kreuz und quer
bis es ganz müde ward und schwer
und irgendwann fiel es dann hin
gerupft gebraten aufgefressen
ward dieses Huhn alsbald vergessen
obwohl wenn ich ganz ehrlich bin
geht es mir nicht mehr aus dem Sinn

Meine Katze Trine

Meine Katze Trine
pflegt allgemein und mit erhabner Miene
die Männer anzusehn als sein sie Luft
doch so im Stillen und Geheimen
weiß ich liebt sie doch einen
das ist des Nachbars Dackel Schuft

Wenn Trine glaubt ich seh sie nicht
und sie sieht ihn was für´n Gesicht
da meine Katze plötzlich macht
sie putzt sich raus für ihn allein
und schleicht sie heimlich zu ihm rein
kommt es mir vor als ob sie lacht

Duell der Fernsehköche

»Nein, das gibt es doch nicht!«, kommt es laut und entrüstet aus dem Wohnzimmer. Max sitzt auf dem Sofa und schaut fern.

»Was meinst du?«, frage ich aus der Küche. In Gedanken bin ich bei etwas völlig anderem, während ich Zutaten für unseren gemischten Salat klein schneide. Denke an Urlaub, Sommer, Sonne, Bergwiesen, wohlduftende Kräuter, schwelge soeben in Erinnerungen, als Max ruft: »Das ist doch nicht normal. Ich glaube es nicht!«, und sich dabei offensichtlich laut auf die Schenkel klatscht.

»Was glaubst du nicht?«, frage ich gewohnheitsmäßig zurück und trenne mich mühsam von den schönen Erinnerungen und Bildern in meinem Kopf.

Mit einem Messer in der Hand erscheine ich im Türrahmen, wiederhole meine Frage: »Was glaubst du nicht?«

»Sieh dir das an. Komm her, schnell, das musst du unbedingt sehen!« Max ist aufgebracht wie selten. Wahrscheinlich traktieren sie wieder Tiere oder die Natur, denke ich und trete näher. Das regt ihn immer ganz fürchterlich auf. Mich auch. »Setz dich und schau dir das an«, stöhnt er.

»Was treiben die da?« Irritiert blicke ich auf den Bildschirm. Zwei wohl ehemals weiß betuchte, junge männliche Gestalten mit leichtem Flaum am Kinn und eigenartigen Kochmützen stehen sich im Abstand von etwa zwei Meter fünfzig in einer Studio-Küche gegenüber. Wutschnaubend. Um sie herum sieht es aus wie auf einem Schlachtfeld. Soeben schmeißt der eine dem anderen mit Wucht ein rohes Ei an die Stirn und brüllt: »Mein Froschschenkelragout an zarten Brennnesseln in

provençalischer Kräutervinaigrette war doch das besse-
re!«

Eiweiß und Eigelb rinnen langsam über das Gesicht
seines Kontrahenten. Der Kameramann, offensichtlich
fasziniert von dieser Szene, folgt dem Verlauf des Eies,
bis es sich praktisch in den Falten der Schürze verläuft.

Über alle Maßen erbost greift der soeben Attackierte
in die Tüte zu seiner Rechten auf dem Tisch und
schleudert seinem Gegenüber eine Handvoll Mehl ins
Gesicht.

Eine Weile sehen wir nichts außer einer weißen Wolke.

»Das kann doch nicht wahr sein.« Ich bin fassungslos,
aber durchaus beeindruckt. »Die bewerfen sich vor lau-
fender Kamera mit Lebensmitteln.«

Die Mehlwolke lichtet sich, und wir können hören
und sehen, wie der junge Mann flucht und sich die Augen reibt. Einen Augenblick später nimmt er blitzschnell
eines der Messer vom Tisch, es hat eine lange, mit Sicherheit auch recht scharfe Klinge, und greift es wie ein
Wurfmesser.

»Nein, nicht!« Max' Stimme ist voller Entsetzen. Abwehrend hebt er die Arme. Das nützt natürlich nichts,
die Männer können ihn ja nicht hören, und helfen kann
er diesem Chef de Cuisine so auch nicht. Außerdem hat
der andere das Messer längst abgeschickt.

Die Klinge bohrt sich seinem Gegenüber nur wenige
Zentimeter über dem Herzen ins Fleisch hinein, mühelos wie in weiche Butter. Hätte der Angreifer nicht noch
Probleme mit dem Mehl in seinen Augen gehabt, er
hätte sicher genau getroffen.

»Das wirst du mir büßen«, keucht der Verletzte mit
schmerzverzerrtem Gesicht und greift nach einem kleinen schicken Edelstahl-Hackebeil, an dem noch das
Blut eines unschuldigen Tieres klebt.

Jetzt bin ich diejenige, die aufschreit. »Irgendjemand muss doch die Polizei alarmieren!«

Mit letzter Kraft wirft der junge Mann das Beil - und trifft.

Wir sind wie erstarrt. Der Kameramann offensichtlich auch.

Eine Ewigkeit scheint zu vergehen, bis endlich das grauenvolle Bild ausgeblendet und der Bildschirm schwarz wird.

»Meine Damen und Herren«, meldet sich Minuten später eine Stimme aus der Schwärze heraus und räuspert sich dabei wiederholt. »Sie sahen einen Beitrag aus der Reihe *Duell der Fernsehköche - Nur einer kann gewinnen.* Wie die Programmleitung uns soeben mitteilt, wird diese Reihe nicht fortgeführt. Und nun schalten wir um und wünschen Ihnen viel Spaß mit unserer Sendung *Lustige Bergvagabunden unterwegs.*«

Glatt daneben

Die Dinge gingen glatt daneben
wie eben manchmal so im Leben
man wünscht man wäre ganz woanders
und hieße Meier oder Wanders

Man grübelt und fragt sich wieso
und wird so recht nicht wieder froh
es lief doch alles wunderbar
bis man dann so ein Trottel war

Von Dingen sprach die man nicht meinte
von denen sich auch gar nichts reimte
weder auf Herz noch auf Verstand
und niedermachte was verband

Das Licht ging aus die Tür fiel zu
und Müllers Esel der bist du
das Tierreich möge mir verzeih'n
so dumm kann gar kein Esel sein

Nach Honolulu

Mit dir würd ich nach Posemuckel fahr'n
auch Honolulu wär nicht schlecht
einmal nur du und ich ganz ohne Klan
ansonsten wär mir alles recht

Vielleicht ist Honolulu doch das Beste
wo Posemuckel liegt das weiß ich nicht
Hawaii ist warm man trägt nur Reste
und gibt sich auch ansonsten schlicht

Man bräuchte gar nicht soviel auszugeben
die Früchte fallen dort von Bäumen
wir könnten herrlich in der Sonne leben
anstatt hier nur davon zu träumen

In die Ferien

Sechs Koffer Taschen Nähmaschine
(man weiß ja nie) dann Dackel Biene
in seinem Korb samt Hundefutter
dort drinnen sitzt auch Urgroßmutter
drei Tandemräder ein Kanu
und circa dreißig Paare Schuh
des Weiteren vertraute Kissen
sind fern der Heimat gut zu wissen
vier Kinder zwischen zwei und sieben
mit Eltern die dieselben lieben
das alles wird recht gut verschnürt
und Richtung Süden mitgeführt

Die Möchtegern-Meerjungfrau

Auf dem winzig kleinen Eiland
saß ein hübsches Weib wie weiland
wohl nur Nixen auf dem Felsen
zwischen Kabeljau und Welsen
in Erwartung großer Flossen
die zum Kummer ihr nicht sprossen
hoffte auf den grünen König
da es ihr an Land eintönig
doch der zürnte kam vorbei
was sie glaube wer sie sei
schließlich könne jede kommen
mal die Echten ausgenommen
entsprach so gar nicht ihrem Wunsch
zog noch einen grünen Flunsch
und sank dann äußerst vehement
zurück ins nasse Element

Käse

Gestern fragte mich Benjamin: »Was arbeitest du eigentlich?«
Er ist der sechsjährige Sohn einer Nachbarin, ein Meister der bohrenden Frage und daher der Schrecken aller Anwohner im Umkreis von vielen Kilometern.

Yvonne Mertens hatte Sturm geklingelt und dann aufgeregt ihren Sohn mit der Bitte bei mir zur Tür hineingeschoben, eine Stunde oder zwei auf ihn aufzupassen, sie hätte einen fürchterlich dringenden Behördentermin.

»Aber, ich habe doch gar keine ... und ich muss selbst auch gleich ...« Meine Einwände verhallten nutzlos im Flur.

»Es tut mir leid, aber es ist absolut unaufschiebbar!«, hatte sie noch von der Haustür aus gerufen und war davongestürmt.

Nun blickte mich ein bebrilltes, meerblaues Augenpaar unter einem dichten kastanienfarbenen Haarschopf forschend über den Bildschirmrand meines Laptops an.

Um Zeit zu gewinnen, tat ich so, als schriebe ich gerade etwas ungeheuer Wichtiges. Der Junge schwieg.

Nach einer Weile fragte ich: »Wie geht es dir, Ben?« Zufällig hatte ich vor ein paar Tagen, als ich am Kinderspielplatz der Siedlung vorbeiging, mit an-gehört, dass er nicht mehr *Benny* genannt werden wollte. Ganz ernsthaft hatte er einer ahnungslosen, älteren Nachbarin, die wohl gerade ihren Enkel hütete, erklärt, er sei nun sechs geworden, und da wolle er nicht mehr Benny, sondern Benjamin genannt werden. *Benny*, das sei doch was für kleine Kinder. Für Freunde auch *Ben*, hatte er noch hinzugefügt. Es war mir in Erinnerung geblieben.

»Och, ganz gut. Was arbeitest du eigentlich?« Zielsicher nahm er meinen besten Bleistift vom Schreibtisch, um ihn sich hinter sein linkes Ohr zu klemmen. Den Stift musste ich ihm unbedingt wieder abnehmen. Wenn das hier überstanden war.

»Was arbeitest du?«, wiederholte er seine Frage. Meine Hoffnung, er würde nicht wieder darauf zurückkommen, zerplatzte wie eine Seifenblase. Ben ist einer von den ganz Hartnäckigen.

»Ich dachte, du wüsstest das. Ich schreibe. Meistens sind es lustige Geschichten, damit die Menschen auch ab und zu etwas zu lachen haben.«

Seine Augen wurden noch größer. »Du schreibst lustige Geschichten? Den ganzen Tag?«

»Na ja«, räumte ich ein und errötete innerlich ein wenig ob dieses Privilegs, »nicht immer den ganzen Tag, aber doch viele Stunden am Tag.«

»Und was anderes arbeitest du nicht?«, bohrte er weiter.

Ich rang innerlich die Hände. »Nein«, erklärte ich, »zurzeit habe ich genug mit dem Schreiben lustiger Geschichten zu tun.«

»Meine Mutter schreibt auch«, bemerkte Benjamin nachdenklich und begann, ausgiebig in der Nase zu bohren.

»Ja, ich weiß.« Ich reichte ihm ein Papiertaschentuch. »Sie arbeitet als Sekretärin in einer Firma.«

Er nickte. »Bei einer Spedition. Aber sie schreibt nichts Lustiges.«

»Nun«, versuchte ich zu erklären, »sie wird wohl Briefe schreiben und sicher auch Rechnungen. Das ist nun mal nicht so lustig, aber eine ganz wichtige Arbeit.«

»Stimmt«, gab er zu und rückte seine Brille zurecht, die durch das heftige Nasenbohren verrutscht war. Dann sah er mich wieder an. »Und was schreibst du gerade?«

»Die Geschichte vom kleinen Jungen, der jeden mit Fragen löcherte, der ihm begegnete«, antwortete ich mit einem Blick auf die große Wanduhr. Ich musste unbedingt frische Batterien besorgen; die Zeiger bewegten sich nur noch im Schneckentempo vorwärts.

Ben verfiel eine Weile in Schweigen, dann griff er nach meinem Anspitzer, einer hübschen roten Maschine mit Kurbel, um ein bisschen damit herumzuspielen. Auch dieses Teil galt es, im Auge zu behalten. Während soeben bei mir die leise Hoffnung aufkeimte, ich hätte ihn mit meiner Antwort vielleicht abgeschüttelt, wollte er wissen: »Was ist daran so lustig?«

Ohne auf seine Frage einzugehen, schlug ich vor: »Möchtest du vielleicht einen Kakao? Oder ein paar Kekse? Also, ich könnte jetzt wirklich einen Kaffee gebrauchen.«

»Wenn ich dir einen mache, erzählst du mir dann die Geschichte?«

»Du würdest mir für eine Geschichte eine Tasse Kaffee bereiten?« Ich war verblüfft.

»Klar«, antwortete Ben und verschwand in der Küche.

Ich ging hinterher, stellte ihm die Zutaten in Reichweite, dann ließ ich ihn gewähren.

Während er in der Küche rumorte, saß ich vor meinem Laptop und überlegte angestrengt, wie ich innerhalb weniger Minuten eine lustige Geschichte für ihn zusammenbekommen sollte. Oder ihn weiterhin ablenken könnte. Oder ihn in den Müllschlucker- nein, das war nun doch ein bisschen zu hart.

»Bist du schnell«, staunte ich, als er mir inmitten meiner Gedanken einen Becher mit dampfendem Kaffee neben den Laptop stellte. Er selbst hatte sich einen Kakao zubereitet. Vorsichtig probierte ich einen Schluck von meinem Kaffe.

»Alle Achtung! Ich hätte ihn nicht besser machen können. Woher kannst du so gut Kaffee kochen?«

»Ist doch ganz einfach«, sagte er. »Die Geschichte!«

»Bitte? Ach so, die Geschichte. Ja, also die Geschichte vom kleinen Jungen, der alle Menschen löcherte, denen er begegnete, die geht so: Es war einmal ein kleiner Junge, der stellte unentwegt Fragen. Er fragte alles und jedes und jeden, den er traf. Kaum war die eine Frage beantwortet, stellte er schon die nächste unddienächsteunddienächsteunddienächste und immer so weiter. Er löcherte die Menschen sogar dann noch, als sie schon längst keine Antworten mehr auf seine Fragen wussten. Da bekamen die Menschen mit einem Mal ganz seltsame Löcher, erst kleinere an Armen und Beinen, dann schließlich größere, überall am ganzen Körper, und zuletzt auch an ihren Köpfen. Ganz fürchterlich war das, und sie sahen aus-»

»- wie Käse!«, fiel er mir vor Heiterkeit prustend ins Wort.

»Ganz richtig«, bestätigte ich, »wie große Käsestücke.«

Zum ersten Mal, seit ich ihn kannte, lachte er wie ein kleines Kind. Er schnaubte in seinen Becher, dass ihm die Kakaotropfen ins Gesicht sprangen. Sie spritzten auch sonst wohin, doch in diesem Augenblick war mir das egal. Ben stand da und lachte und lachte. So ansteckend, dass auch ich zu lachen begann.

In diesem Augenblick ging die Türklingel.

»Ich hab's einfach nicht schneller geschafft«, rief Yvonne noch ganz außer Atem. »Du kannst es dir gar nicht schlimm genug vorstellen, es war die Hölle! Alles okay bei euch?«, fragte sie irritiert, als sie unsere vor Lachen roten Gesichter sah. Alles im grünen Bereich?«

»Klar, alles im grünen Bereich«, antworteten wir beide wie aus einem Mund.

»Erzählst du mir beim nächsten Mal wieder eine Geschichte?«, fragte Benjamin beim Hinausgehen, nachdem ich ihm noch schnell einen Bleistift aus dem Ohr gezaubert hatte.

»Sicher, versprochen!«

Ruhestörung

Die Amsel sprach zum Engerling
was bist du für ein hübsches Ding
der sprach darauf lass mich in Ruh
und mach das Loch gefälligst zu

So richtig hübsch das werd ich noch
bin ich erstmal erwachsen
und nun beeil dich schließ das Loch
und lass die dummen Faxen

Adele

In einem alten schönen Haus
da wohnte mit uns eine Maus
so eine süße ganz fidele
die nannten wir Adele
da wir sie meist von hinten sah'n
wenn wir wie sie im Keller war'n
aus einem nicht bekannten Grund
war sie der Freund von Katz und Hund
und da sie ohne Feinde war
blieb sie erhalten Jahr um Jahr
aß uns so manchen Vorrat weg
und hinterließ 'ne Menge Dreck
bis eines Tags drang in den Keller
ein fremder Kater und war schneller

Am Strand

Es riecht nach Sonnenöl und Hitze
nach Urlaub Eis und Meeressand
ich lieg im Strandkorb und ich schwitze
und leide unter Sonnenbrand

Das Ehepaar zur Rechten trinkt ein Bier
der Sohn heißt Kevin und er schaufelt gern
gräbt grade einen Tunnel unter mir
sein Schwesterchen sieht bäuchlings fern

Ich rück vom Oberteil die Träger
für schöne Bräune ohne Streifen
da grüßen mich Herr und Frau Jäger
die kommen auch aus Hamm und machen Seifen

Zu meiner Linken ruft es Eis
doch meine Lieblingssorte gibt es nicht
und weil es Mittag ist und heiß
leg ich die Zeitung aufs Gesicht

Die Ruhe ist von kurzer Dauer
da landen und ich schreie laut
aus Kevins Eimer kalte Schauer
auf meiner hummerroten Haut

Das kann ich ihm nicht durchgehn lassen
die Eltern ruhen unbeteiligt in den Kissen
bekomm den Kerl nach wilder Jagd zu fassen
und red ihm pädagogisch ins Gewissen

Bei meiner Rückkehr ist mein Korb belegt
all meine Sachen stehen säuberlich daneben
ein Anblick der sonst sehr bewegt
man weiß ja Ordnung ist das halbe Leben

Ich will grad gehn nur fort von hier
freu mich aufs Haus und ein Glas Wein
da hebt doch so ein Hundetier
an meinem Rucksack noch sein Bein

Auf der Wiese

Auf der Wiese in der Nähe
wo ich oft spazieren gehe
äsen morgens manchmal Rehe
dicht bei meiner Lieblingskuh

Diese Kuh ist groß und mächtig
wohingegen Rehe schmächtig
dennoch stehen sie einträchtig
lieben Gras und ihre Ruh

Ein Vöglein

Ein Vöglein kam geflogen
verletzte sich am Leibe
nun fliegt es weiter droben
dort gibt es keine Scheibe

Liebe auf den ersten Blick

Sie fuhr alleine vor sich hin
und hatte weiter nichts im Sinn
als grade mal Figur und Maße
da kam er in der Einbahnstraße
ihr auf derselben Spur entgegen
er grinste unverschämt verwegen
als sie in seinen Wagen fuhr
der wie gesagt auf falscher Spur
es war wie sich sehr bald erwies
und er ihr Auto abholn ließ
die Liebe auf den ersten Blick
sie fand ihn toll er fand sie schick
am selben Abend lud er sie
zum Essen ein ins Rimini
und da er ohne Führerschein
fuhr sie ihn auch persönlich heim

Eine Zugfahrt, die ist lustig

Sagen Sie, habe ich Ihnen schon von unserer nächtlichen Urlaubsfahrt bei absolut tropischen Temperaturen in einem Schlafwagenzug berichtet? Als der Schaffner plötzlich nicht mehr aufzufinden war? Die Toilettentüren wegen verstopfter Rohre verschlossen werden mussten, die Klimaanlage ausgefallen war, und der anhängende Zugteil, der mit unseren Autos darauf, an einer Gleiskreuzung eigenmächtig eine andere Route genommen hatte? Und wie das oft so ist mit einer Klimaanlage, kann man dann kein Fenster mehr öffnen; es besteht nicht der Hauch einer Chance für einen Luftzug. Geschlossen. Geschlossene Gesellschaft könnte man sagen. Da bekommt eine solche Bezeichnung eine ganz neue Bedeutung. Einzig der Schaffner verfügt über diesen kleinen speziellen Schlüssel zum Öffnen der Fenster, aber der war ja eben nicht auffindbar, der Schaffner.

Irgendwann rief einer gurgelnd nach einem Nothammer! Der Mann war schweißüberströmt und bereits gefährlich blau im Gesicht. Ich gab ihm höchstens noch drei Minuten. Da es mir bei der gnadenlosen Hitze selbst mehr schlecht als recht ging, ich mich kaum noch auf den Beinen halten konnte, würde von meiner Seite keine Hilfe kommen. Eventuell von Max; er sah erstaunlicherweise noch ganz gut aus. Er ist eben mehr der südländische Typ; diese Menschen können eine Menge Hitze und damit verbundene Unbilden vertragen.

Plötzlich schrie eine der weiblichen Mitreisenden im übernächsten Schlafwagenabteil: »Ich hab ihn!« Was war passiert? Der Zugbegleiter war wohl beim Herrichten eines Bettes in die Gurte geraten und hatte sich ganz übel darin verheddert, vermutlich aus Schwäche. Seine ungeschickten Befreiungsversuche hatten das Ablösen eines Brettes über ihm zur Folge gehabt, das Brett wiederum hatte dem Zugbegleiter einen Schlag auf den Kopf versetzt, woraufhin er das Bewusstsein verloren haben musste- und der Bettkasten hatte sich wieder geschlossen, mit dem Schaffner darin. Während der unglücklichen Aktion hatte sich der kleine Schlüssel zum Öffnen der Fenster selbständig gemacht und war wohl in die unergründlichen Tiefen des Schlafwagenabteils gerutscht. Die ausgiebige Suche in den Jacken und Hosentaschen des Schaffners brachte jedenfalls keinen Erfolg. Die Dame, die den Unglücklichen entdeckt hatte, versuchte daraufhin- doch diese Details will ich Ihnen lieber ersparen.

»Was reisen Sie auch in fernen Ländern mit tropischer Gluthitze umher?«, wurden wir später gefragt.

»Weit gefehlt. Es geschah in Deutschland, und wir fuhren in Richtung München.«

»Zur Pionierzeit der Lokomotive?«, wurde ich weiterhin gefragt.

»Ich muss schon sehr bitten! Die Reise hat mich zwar enorm mitgenommen, und die Spuren bleiben eben leider eine Weile erhalten, aber ganz so alt bin ich doch noch nicht. Außerdem gab es in der Pionierzeit weder Klimaanlagen noch Autoreisezüge.«

»Ob es sich um eine der Sonderaktionen der Bahn gehandelt hat? Natürlich zum Sonderpreis? Mitnichten, sage ich Ihnen. Doch den Preis für das Unterfangen behalte ich lieber für mich, abenteuerlich. Sie würden es ohnehin nicht für möglich halten.«

Wer nicht hören will

Es sprach ein Wurm zu einem Specht
der wollte ihn grad essen
tu´s lieber nicht mir ist schon schlecht
du solltest es vergessen

Der Specht hingegen lachte nur
aß ihn auf nüchtern Magen
starb wenig später an der Ruhr
er hatt' ihn nicht vertragen

Leeres Versprechen

Im Falle eines Falles
klebt Uhu wirklich alles
ganz gleich was auseinander fällt
ein bisschen Uhu und es hält
so war es schwarz auf gelb zu lesen
es klebt als wäre nichts gewesen

So dacht auch ich noch frohen Mutes
als unsre Liebe brach das tut es
einseitig fettfrei eingestrichen
sind wir uns aber doch entwichen
womit ganz klar bewiesen wär
manch ein Versprechen ist recht leer

Kleines Tief

Einst kam zu mir ein kleines Tief
ganz leise während ich noch schlief
schlich sich in meinen Schlaf hinein
und ich stand auf mit falschem Bein

Das Tief blieb länger als ich wollte
und als es sich dann endlich trollte
war mir das recht und ziemlich lieb
dass es sein Tief woanders trieb

Notwendige Überlegungen für die Zeit danach

Seit zwei Wochen schon schwirrt mir das Thema im Kopf herum, liegt mir schwer im Magen, brennt mir förmlich auf den Nägeln. Seitdem Schwiegermutter Betty mir in einem mehrstündigen Telefonat berichtete, wie sie sich die Zeit unmittelbar nach dem Ableben vorstellte und mich bat, für sie mal bei Gelegenheit ein paar Angebote einzuholen, sehe ich mich gezwungen, mich doch einmal etwas näher mit dem Thema auseinanderzusetzen. Ich habe längst in meinem Testament festgelegt, dass ich verbrannt und möglichst anonym beigesetzt werden will, ohne jegliches Tamtam. Max will mit einer Verfügung noch etwas warten. Das Thema ist ihm ein absolutes Gräuel. Dennoch, die Angebote der Bestattungsfirmen ändern sich ständig; der Tod ist ja längst ein Wirtschaftszweig wie jeder andere auch. Umso wichtiger, dass wir uns immer wieder informieren, Angebote und Service-Leistungen der Firmen miteinander vergleichen, damit wir das für uns beste oder am meisten geeignet erscheinende Angebot auswählen können.

Max murmelt, er würde am liebsten von alledem verschont bleiben.

»Was genau meinst du damit?«, frage ich. »Möchtest du vom Tod verschont bleiben oder dich jetzt nicht mit dem Thema Sterben und Beerdigung auseinandersetzen?« Ich ernte einen vernichtenden Blick. »Max, wir alle müssen mal-«

»Das ist mir schon klar«, unterbricht er mich, »aber ich bringe es nicht fertig, mich mit diesem Thema zu beschäftigen. Ich denke und ich hoffe, es findet sich dann schon irgendwie. Auf welche Weise ist mir ziemlich wurscht.«

»Wie du meinst. Dennoch tätest du gut daran, irgendetwas in deinem Testament festzulegen. Dass du mit einem Armenbegräbnis einverstanden bist oder dich der Universität zu Forschungszwecken zur Verfügung stellst. Die können ja immer mal ein frisches Skelett gebrauchen.«

Max verlässt eilig das Zimmer in Richtung Bad.

Ich telefoniere nochmals mit Betty, weil ich noch einige Fragen habe. Zum Beispiel die: »Was willst du denn überhaupt ausgeben?«

»So wenig wie möglich«, antwortet sie fest. »Und ich möchte, dass ihr wirklich nur das Allernötigste veranlassen müsst. Schnell sollte es gehen und preiswert sein. Kein Schnickschnack, auf keinen Fall noch irgendwelche Reden. Und bitte«, sie zögert einen Moment, »wenn es soweit ist, prüft unbedingt, dass ich auch wirklich tot bin.« Da auch mir sehr daran gelegen wäre, wirklich tot zu sein, bevor ich …, versichere ich Betty, dass ich ganz bestimmt darauf achten werde. Wenn ich dann noch lebe, denke ich. Mir wird nämlich soeben etwas schummrig.

Bei nächster Gelegenheit mache ich mich also schlau. Umfragen unter Einäscherungswilligen zufolge liegt zurzeit klar auf Platz eins der Wunsch, an, beziehungsweise unter einem ganz bestimmten, zuvor eigens ausgewählten Baum bestattet zu werden. Diese Bäume erhalten beizeiten eine Nummer und sind nach entsprechender Anzahlung reserviert für den Fall der Fälle. Ein solcher Baum lässt sich natürlich auch als *Familienbaum* reservieren, vorausgesetzt, diese Vorstellung ist einem angenehm. Letztlich ist alles eine Frage der Organisation und natürlich des Geldbeutels. Auf Platz zwei liegt das anonyme Urnengrab unterm grünen Rasen. Der Preis hierfür kommt mir ganz übersichtlich vor, da kann man nicht meckern. Nur die vertraglich vorgeschriebene Mindestverweildauer von zwanzig Jahren unterm Rasen erscheint mir arg übertrieben.

Handeln im Sinne von Feilschen ist angesichts des Todes bei uns immer noch ungebräuchlich, da es pietätlos erscheint. Andererseits, warum eigentlich nicht handeln. Sie tun es doch auch oder versuchen es zumindest, wenn Ihnen der Preis für einen Teppich zu hoch erscheint. Oder Ihnen der Kostenvoranschlag für die Vollrenovierung Ihres Hauses oder der Wohnung deutlich zu üppig vorkommt. Wer voraussichtlich am Ende der Strecke wenig Geld haben wird oder in die Zeit nach dem Ableben möglichst wenig investieren möchte, in keinem Fall aber die Zurückbleibenden mit irgendwelchen unüberschaubaren Kosten belasten möchte, sollte eben rechtzeitig Vorsorge treffen und entsprechend verfügen.

Ich telefoniere mit einer Mitarbeiterin der Firma ‚Paradiso‘ (Name der Firma wurde geändert, Anm. d. Red.), um mich nach dem zurzeit günstigsten Angebot einer Urnenbeisetzung unterm grünen Rasen zu erkundigen. Auf der Internetseite der Firma hatte ich nämlich, wie schon angedeutet, gelesen, die Grabstelle (die anonyme) müsse bei diesem Angebot für die Dauer von sage und schreibe zwanzig Jahre erworben werden.

»Nun ja«, antwortet die Dame etwas spitz auf meine Beschwerde diesbezüglich, »wenn Sie nicht so lange wollen, müsste ich eben mal schauen, was ich alternativ für Sie tun könnte. Was für Vorstellungen haben Sie denn überhaupt?«

Jetzt oder nie, denke ich und antworte mutig: »Verbrennen, erkalten und dann in eine Art Eierpappe. Schnell vergänglich und vor allem umweltschonend.

Alternativ ginge auch eine ganz, ganz schlichte Holzurne. In wenigen Jahren ist die doch hoffentlich verrottet.«

Eine Weile herrscht Schweigen am anderen Ende, um nicht zu sagen Totenstille. Dann holt die Dame gefährlich tief Luft. Säße ich jetzt vor ihr, würde mich ihr Atem vermutlich wie der eines Feuer speienden Drachens binnen Minuten vollständig vernichtet haben. Übrigens auch eine Möglichkeit für die Menschen, die Events lieben. Wer Zeit seines Lebens gern Dinge gemacht hat wie Bungee-Jumping, Fallschirmspringen, Wildwasserrafting oder Drachenfliegen (ha!), wird begeistert sein. Ich muss es mir unbedingt merken, vielleicht zurzeit noch eine der ganz wenigen Wirtschaftslücken.

»Ist nicht für mich«, rufe ich eilig ins Telefon, »ist für meine Schwiegermutter!«

Die Luft entweicht langsam den Lungen meiner Gesprächspartnerin. Ein Geräusch, als würde sich eine ganze Luftmatratze entleeren.

»Ach so«, kommt es schließlich müde, »die Schwiegermutter.«

»Ja, genau«, sage ich, »man muss sich ja rechtzeitig kümmern. Wären Sie so freundlich und rechneten mir das auf… sagen wir fünf und acht Jahre aus?«

Ich gebe ihr meine Adresse und E-Mail und lege danach rasch den Hörer auf.

Es darf etwas mehr sein

Es naht die warme Urlaubszeit
und mancher macht sich schon bereit
fühlt leider sich vom Winter her
am manchen Stellen etwas schwer
steigt drum beherzt aus seinen Sachen
vorm Spiegel einen Test zu machen
die Lage ernster als man dachte
schließt man ein Auge dreht sich sachte
dann unerwartet dies Profil
so gänzlich formlos ohne Stil
raubt einem dann doch jede Luft
der Traum vom Tanga schnell verpufft
und noch bevor so recht begonnen
der Traum vom Urlaub fast zerronnen
man sieht sich schon in Hemd und Hose
beides lang und möglichst lose
am Strand inmitten Schlanker sitzen
einsam in der Sonne schwitzen
auch tagelang im Wasser steh'n
dann wäre nur der Kopf zu seh'n
doch ist es so der Mensch braucht Sonne
ob spindeldürr ob kleine Tonne
der gern mehr isst hat auch mehr Speck
wer das nicht mag schaut einfach weg

Für die Katz

Was machst du sitzt ein Katzentier
dir eines Tages vor der Tür
will ganz eindeutig jetzt nach drinnen
und weicht freiwillig nicht von hinnen
da nützen weder Tricks noch Possen
die Katze sitzt wie angegossen
und schaut in schönster Seelenruh
bei allem was du tust dir zu
du wendest ein das Haus ist voll
wahrscheinlich findet sie das toll
macht sich vor deinen Augen klein
so etwas Kleines passt nicht rein?
du sagst dass selbst in Hof und Garten
noch ein paar andre Tiere warten
sie findet es bedeutungslos
du fragst Herrgott was mach ich bloß
dann gehen dir die Gründe aus
in dem Moment huscht sie ins Haus
besetzt blitzschnell den letzten Platz
und alles war nur für die Katz

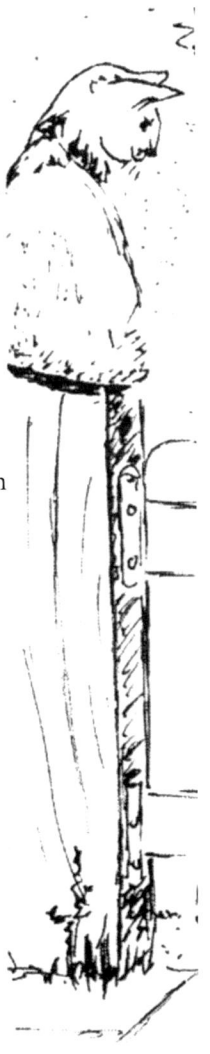

Luftpost nach Hohenholte

Ich denke sprach die Taube
und aß noch eine Traube
es ist nun wirklich an der Zeit
der Weg zurück noch ziemlich weit
drum eil dich mit dem Schreiben
sonst muss der Brief hierbleiben
ich unterschrieb mit Gruß und Kuss
und band´s dem Vogel an den Fuß
nun bitt ich dich mein Lieber
schick sie mir baldigst wieder rüber
schon kurz darauf ich glaubt es kaum
saß hier ein Storch mit Brief im Baum
du schriebst du habest ihn gebeten
die Taube zu vertreten
ihr war´n vom vielen Hin und Her
die Flügel schon wie Blei so schwer
und wie der Zufall es grad wollte
flog dieser Storch nach Hohenholte
so kam es dass der Adebar
hier nur ein Briefzusteller war.

Ein Schriftsteller bei der Arbeit

Ich sitze äußerst konzentriert
und warte dass etwas passiert
ein Einfall oder Geistesblitz
und wenn nicht das vielleicht ein Witz
die Sonne scheint die Winde wehn
ich würd zu gern nach draußen gehn
das tust du nicht sag ich zu mir
zu viel an Arbeit noch vor dir
du solltest statt dich abzulenken
dir lieber ein Konzept ausdenken
wie du dein Pensum schaffen willst
und nicht so viel nach draußen schielst

Ich sitze äußerst konzentriert
und warte dass etwas passiert
ich würde Fingernägel schneiden
den Rasen und mich sonst bescheiden
ein wenig spielen mit den Tieren
und nur ganz kurz telefonieren
die Fenster putzen und die Schuhe
wer tut es wenn ich es nicht tue
noch Briefe an Verleger schreiben
für heute Abend Käse reiben
im Buch noch ein paar Seiten lesen
das wäre es auch schon gewesen

Ich sitze äußerst konzentriert
und warte dass etwas passiert ...

Ein ganz normaler Urlaubstag im Oberbayerischen

»Max, schau mal, sieht er nicht aus wie …?«

»Stimmt, zum Verwechseln ähnlich.«

»Entschuldigen Sie bitte. Ob wir Ihren Hund mal für ein paar Fotos gewinnen könnten?«

»Aber sischer dat! (Kölner Raum) Filou komm hierhin!«
Filou, der kleine Westhighland-Terrier, ist aber anderweitig beschäftigt.

Das Ehepaar ruft abwechselnd: »Filou! Filouchen! (gesprochen: Filuuschen) Komm zu Papa/Mama!«

Ich kann mich vor Lachen kaum noch zusammennehmen, wünsche mich unter den nahen Wasserfall oder unsichtbar. Max hat sich abgewandt, scheint in die Betrachtung der Bergwelt versunken. Doch das seltsame Zucken seiner Schultern verrät, es geht ihm wie mir.

»Na, kommst du wohl endlich hierhin! Die Dame will ein Foto von dir machen!«

»Aber, so lassen Sie ihn doch bitte«, ruft Max, »wenn er nicht möchte. Ich kann das gut verstehen, so auf Befehl.«

Filou hat zwischenzeitlich zu seiner großen Begeisterung etwas zum Drinwälzen gefunden. Es nimmt ihn vollkommen in Anspruch.

»Nix da, der Hund muss hören. Dat wäre ja noch schöner! Filou, isch komme da gleisch hin. Filou!«

Herrchens Gesichtsfarbe erinnert jetzt an vollreife Tomaten und mich daran, dass wir nachher italienisch kochen wollen.

»Ach, die Hitze«, sage ich. »Lassen sie ihn doch, er hat eben keine Lust. Vielleicht ein anderes Mal. Wir sind noch eine Weile hier.« Im Prinzip bin ich natürlich ganz dieser Meinung, ein Hund muss gehorchen. Aber inzwischen wünsche ich mir nur noch, wir hätten das Anliegen mit den Fotos nicht geäußert.

Das korpulente Herrchen versucht, den kleinen vollschlanken Westhighland-Terrier einzufangen. Es erweist sich als schwieriges Vorhaben, bergauf, bergab, schließlich befinden wir uns am Alpenrand. Der Hund wirkt noch recht fit und beweglich im Gegensatz zu seinen Haltern. Aber irgendwann wird natürlich auch er ein Opfer der mittäglichen Glut.

Max hat unser Handy griffbereit für den Fall, dass wir für einen der beiden den Notarzt rufen müssten. Das bedeutete dann einen Hubschrauber-Einsatz.

Filous Frauchen hat sich zum Wasserfall zurückgezogen. Frau Schmitz, wie sie sich inzwischen vorgestellt hat, liest in einem abgegriffenen Groschenroman und schwimmt vermutlich in Gedanken soeben gemeinsam mit dem überaus attraktiven Graf von Hohenheim und seiner Zukünftigen durch den schlosseigenen Pool, während sie fieberhaft überlegt, wie sie es anstellen könnte, so schnell wie möglich selbst die Stelle der künftigen Herrin auf Schloss Hohenheim einzunehmen.

Ihr Gatte im richtigen Leben, also Filous Herrchen, ist aus naheliegenden Gründen jetzt nur noch mit dem Allernotwendigsten bekleidet. Schwitzend und gefährlich rotgesichtig schleppt er den Hund herbei, postiert ihn neben mich.

Wenige Minuten zuvor bin ich infolge eines Lachkrampfes ausgerutscht und habe mich mit dem Hinterteil in den kleinen See zu Füßen des Wasserfalls gesetzt. Aber teilweise bin ich schon wieder trocken, und auf den Bildern wird man es hoffentlich nicht sehen.

Eine kleine Ewigkeit später, dann habe ich meine Fassung einigermaßen zurückgewonnen. Der Schauplatz ist inzwischen geräumt, wir können mit den Aufnahmen beginnen. Schließlich wollen wir nicht auch noch Schaulustige auf den Fotos haben.

Filou ist etwas ärgerlich und aus der Puste. Die Hitze, das ausgeflippte Herrchen, dann noch so ein dummes Foto mit einer Fremden. Er schnaubt und japst, klappt ein Ohr nach hinten, das andere nach vorn, doch das Tier ist grundanständig, kein Problem.

Während Max fotografiert- zwischen der Äußerung unseres Wunsches und diesem Augenblick ist fast eine halbe Stunde verstrichen- erzähle ich Filou von Felix, der ihm zum Verwechseln ähnlich sah und wie sehr wir ihn immer noch vermissen. Ich habe den Eindruck, der Hund versteht mich.

Schließlich bedanken wir uns herzlich für all die Mühe (Geht es Ihnen auch wirklich gut? - Ach, die Kleinischkeit!), verabschieden uns voneinander und gehen wieder unserer Wege. Froh, dass weiter nichts passiert ist.

Wir sitzen alle auf einem Sofa

Sonntag Nachmittag. Wir sind bei Heinz und Sabine zum Kaffeebesuch.

Max geht hin und wieder mit Heinz zum Fußball, Senioren-Fußball. So nennt man den Sport, wenn man die Vierzig überschritten hat. Sabine und ich singen im Chor.

»Du glaubst es vielleicht nicht«, hat Sabine vorige Woche auf dem Weg zum wöchentlichen Singen bemerkt, »aber ich würde lieber Fußball spielen.«

Meine Überraschung war groß gewesen. «Mir geht es genauso! Und Max hat vor ein paar Wochen angedeutet, er würde das Singen bevorzugen, anstatt sich auf dem Fußballfeld die Knochen zu ramponieren und sich zum Deppen zu machen.«

Sabine hatte gelacht. »Dann sollten wir uns bei nächster Gelegenheit zusammensetzen und mal darüber reden.«

»Wir sitzen alle ... auf einem Sofa.« Opa Otto wippt auf seinem Stuhl hin und her. Diesen Satz sagt er oft in letzter Zeit. Einer der wenigen, die er überhaupt noch äußert. *Wir sitzen alle auf einem Sofa.*
Wir haben uns daran gewöhnt. Otto, der Vater von Heinz, ist zweiundneunzig.

»Sofa, Sofa! Wir sitzen alle auf einem Sofa!«, ruft Lukas dann ganz aufgeregt und vollführt da-zu wilde Bewegungen, als wollte er gleich abheben. Lukas sitzt in einer großen Volière und ist Ottos Papagei. Schenkt man den Geschichten über Otto und Lukas Glauben, muss der Vogel schon recht betagt sein, denn die Älteren in der Gegend kennen Otto eigentlich nur in Begleitung von Lukas. Früher ist er tatsächlich mit ihm auf der Schulter rüber zu Fluppen-Willi gegangen, um sich Zigaretten und die Zeitung zu holen. Und Erdnüsse für den Papagei. Der kleine Kiosk war nicht irgendein Läd-chen, er stellte eine Institution dar, war Mittelpunkt des Viertels. Ein Umschlagplatz für alle möglichen Geschäf-te und Ideen, war Diskussionsforum und Jobbörse, außerdem gab es Bonbons und Lakritze für ein paar Pfennige noch einzeln zu kaufen. Aber Fluppen-Willis kleiner Laden ist schon seit vielen Jahren geschlossen. Willi konnte wegen seines Rheumas nicht mehr arbei-ten, und ein Nachfolger hatte sich nicht finden lassen.

Meine nostalgischen Gedankenausflüge werden unterbrochen.

»Heinz, reichst du mir mal die Schlagsahne«, bittet Sabine.

»Nein. Zu viele Kalorien und du bewegst dich auch entschieden zu wenig«, antwortet Heinz. »Das macht dick.«

»Was soll denn jetzt *der* Quatsch«, Sabine errötet leicht, »so ein bisschen Sahne. Früher fandest du mich schön so. Und was ist mit deinem Bauch?«

»Das ist etwas komplett anderes«, entgegnet Heinz pikiert und fährt sich flüchtig über seine Glatze.

»Ach ja?«

Ich will mich gerade einmischen, da spüre ich Max' Fuß auf einem meiner Schuhe. Widerwillig halte ich den Mund und schaufele mir ein weiteres Stück Kuchen auf den Teller. Mit extra viel Sahne.

»Wir sitzen alle auf einem Sofa«, murmelt Otto und rutscht unruhig auf seinem Stuhl hin und her.

»Sofa, Sofa! Wir sitzen alle auf einem Sofa!«, schreit Lukas.

»Sofasofasofa«, ahmt die kleine Sophie unterm Tisch nach und schwenkt dabei ihren schon recht zerfledderten Teddy in der einen Hand, ihre Milchflasche in der anderen. Etwas Milch läuft aus. Sophie lacht. Ihr kurzer kleiner Schädel mit den schräg stehenden Augen wackelt dabei hin und her. Sophie, die Spätgeborene. »Sofasofasofa -«

»Es ist gut, Mäuschen«, unterbricht Sabine das kleine Mädchen. »Komm her und setz dich wieder anständig hin.«

»Anständichanständichanständich«, brabbelt Sophie und entleert dabei langsam aber sicher ihre Milchflasche auf den Teppichboden.

»Es ist eine Strafe, das Kind«, stößt Käthe zwischen zusammengebissenen Zähnen hervor.

»Wir sitzen alle -«

»Ja, Opa, ist schon gut«, sagt Sabine schnell, streicht ihrem Schwiegervater über den Arm und schenkt ihm Kaffee nach.

Käthe sitzt neben Otto. Im Rollstuhl. Sie ist seine Frau und nur wenig jünger als er. Ein Tyrann. Seit dem Autounfall vor vielen Jahren noch schlimmer als zuvor. Otto, der unverletzt davonkam, konnte nichts für den Zusammenstoß. Aber sie macht ihn seither jeden Tag für ihren Zustand verantwortlich. Sabine hat mir erzählt, dass die Schwiegermutter ihren Tag allein in ihrem Zimmer verbringt, überwiegend schweigend vor dem Fernseher, unleidlich und grollend. Und dass sie noch unleidlicher wird, holt man sie dort weg. Zum Essen zum Beispiel. An manchen Tagen und wenn es ganz schlimm ist, presst sie ihre Lippen noch fester aufeinander und dann kommt kein Wort mehr raus- und kein Stück Nahrung rein. Da auch Käthe figürlich etwas zur Üppigkeit neigt, ist das nicht tragisch. Jeder hier weiß, dass sie nachts eine Praline nach der anderen vertilgt. Tagsüber versteckt sie ihre Süßigkeiten unter der Matratze, immer in panischer Angst, jemand könnte sie ihr stehlen. Es sind entsetzlich schmeckende Schokopralinen mit einem noch viel entsetzlicher schmeckenden Fusel darin. Jeder normale Mensch würde sich damit binnen Kurzem vergiften. Käthe schaden sie seltsamerweise nicht, auch wenn der eine oder andere diese vage Hoffnung vielleicht schon einmal hegte.

»Es ist eine Strafe, das Kind«, wiederholt Käthe. Käthe, die seit langem schon kein Wort mehr mit ihrer Familie gewechselt hat.

Heinz bohrt sichtlich wütend mit der Gabel Muster in die Reste seines Kuchenstücks. Sabine tut so, als hätte sie das eben Gesagte nicht gehört. »Es ist bald Weihnachten«, stellt sie fest. »Nicht mehr lange bis dahin. Wollt ihr wieder so einen großen Weihnachtsbaum wie im letzten Jahr? Wollen wir ihn diesmal nicht alle gemeinsam schmücken?« Und zu uns gewandt: »Katharina und Max, kommt doch dazu, wir würden uns freuen.«

Wir zögern noch mit einer Antwort, da beginnt Käthe ärgerlich mit ihrem Rollstuhl zu ruckeln und stößt dabei immer wieder an den Tisch. Irgendwo hängt der Rollstuhl fest. Das Geschirr klirrt, ein Becher kippt um. Dunkelbrauner Tee ergießt sich auf das blütenweiße Tischtuch.

»Wir sitzen alle … auf einem Sofa!«, ruft Otto. Er klingt verzweifelt.

Lukas schweigt.

Während Heinz und Sabine noch überrascht zur Voliere sehen, hat Käthe endlich den Rückwärtsgang gefunden und setzt energisch mit dem Rollstuhl zurück. Dabei verliert sie die Kontrolle über das Fahrzeug, das mit aufheulendem Motor und erstaunlicher Geschwindigkeit an die Wand fährt. Es kracht.

Täusche ich mich oder hat die Wand wirklich gewackelt?

Den großen, schweren Elchkopf mit dem imposanten Geweih direkt über Käthe hält es nun nicht länger an der Wand. Es kracht ein weiteres Mal. Ein entsetzlicher Schrei erfüllt das Zimmer. Dann ist es ganz still. Fiele jetzt eine Stecknadel zu Boden, man könnte sie hören.

Eine große Staubwolke verzieht sich langsam. Wer wischt schon gern Staub auf einem Elchkopf? Ich habe es nach Möglichkeit immer vermieden, ihn anzusehen, die Augen blickten so schrecklich traurig. Ich weiß, alles nur Glas, dennoch. Käthes Augen wirken jetzt auch gläsern. Und merkwürdig starr. Ich erinnere mich, dass Heinz einmal von ihrem ersten Mann erzählt hat, einem Jäger.

Unsere Erstarrung lässt allmählich nach. Lukas bewegt sich als Erster. Er rückt auf seiner Sitzstange hin und her, schaukelt ein wenig vor und zurück, schüttelt sein Köpfchen und beginnt, sich den Staub aus dem Gefieder zu putzen. Sophie krabbelt unterm Tisch hervor und fragt besorgt: »Ist die Oma krank?« Mit einem Mal spricht sie ganz deutlich. Heinz sieht plötzlich viel entspannter aus als sonst. Er lächelt Sabine an, nimmt Sophie in den Arm. »Komm her, meine Kleine, Zeit für dich, schlafen zu gehen.«

»Wir sitzen alle in einem Boot«, sagt Otto. »Jetzt weiß ich wieder, wie es richtig heißt.«

»Kann ganz schön rasant fahren, so ein Rollstuhl.« Kalle ist, vom Krach aufgeschreckt, ins Wohnzimmer gekommen. Er ist einundzwanzig und der Sohn von Heinz und Sabine. Letzte Woche hat er seine Prüfung bestanden, als Automechaniker.

Mit dem Auto in die Stadt

Herr M. will mit dem Auto in die Stadt
da er was zu besorgen hat
er freut sich weil die Sonne scheint
was alles leicht macht wie er meint
so denken auch die andern Leute
nun ausgerechnet alle heute
und so entsteht ein langer Stau
Herrn M. wird nach zwei Stunden flau
im Magen und auch anderswo
müsste allmählich mal aufs Klo
fängt in der Sonne an zu schwitzen
versucht es mit Musik im Sitzen
im Stau bewegt sich gar nichts mehr
Herr M. bedauert jetzt doch sehr
dass er nicht einen Zug genommen
der nämlich ist längst angekommen
er kann nicht wenden und nicht drehn
es ginge schneller würd man gehn
er wünscht er wäre jetzt zu Hause
und stünde unter seiner Brause
gründlich geheilt vom Autowahn
fährt er in Zukunft mit der Bahn

Begegnung im Watt

Er ging und wähnte sich alleine
am Wattenmeer daeinst bei List
als eine Gruppe Reisender aus Peine
ihm plötzlich dort begegnet ist

Was weiter gar nicht relevant
hätt man einander nicht gekannt
sie war´n bekleidet und bepackt
er war hingegen gänzlich nackt

So standen sie sich vis-à-vis
der Chef und zwölf ihm Untergebene
ihm war es peinlich wie noch nie
und zwar auf ganzer Ebene

Die zwölf indessen zeigten Größe
sich ebenfalls in ganzer Blöße
so dass er aussah wie die andern
und alle dreizehn gingen wandern

Nur vier Schrauben

Wir sind auf dem Weg in eines unserer Lieblingsmöbelgeschäfte und haben uns geschworen, lediglich nach den vier Schrauben zu fragen, die wir an einem der Betten auswechseln wollen, da sie nach inzwischen zahlreichen Umzügen sehr an Aussehen und Funktionalität eingebüßt haben, und nichts weiter zu kaufen.

»Sie haben doch sicher solche Schrauben?«, frage ich eine der Verkäuferinnen an der Kasse.

Sie nimmt die Musterschraube in die Hand, dreht und wendet sie eingehend, fasst sich dann an die Stirn.

Ich befürchte schon das Schlimmste.

»Denkst du auch, was ich denke«, raune ich Max unauffällig zu. Er grinst und nickt.

»Nein«, kommt schließlich nach reiflicher Überlegung die Antwort. »Solche haben wir nicht vorrätig. Aber ich kann sie bestellen.«

»Schön«, sage ich, »einverstanden. Wir schauen uns nur noch ein wenig um.«

»Du wolltest doch nur ...«, Max ist bereits an der Tür, als ich ihn einhole und wieder in das Geschäft hineinziehe.

»Max, bitte, nur schauen. Wo wir schon mal hier sind. Sieh mal, dieser Stuhl, so einen suchst du doch schon lange. Setz dich doch mal drauf. Ach, und hier, das weiße Regal. Nein, wie schön. Ich möchte mich endlich mal von unserem alten trennen. Davon reden wir nun schon seit fast zwanzig Jahren.«

»Aber«, will Max einwenden, doch ich hindere ihn schnell am Weitersprechen. »Ja, ich weiß, alle unsere Möbel tun es noch, aber es soll doch auch ein bisschen schön aussehen. Ich fasse es nicht!« Mein Blick ist auf ein Sofa gefallen. »Traumhaft«, stöhne ich entzückt,

»schau die Verarbeitung und dann die Farben und erst der Preis. Das ist ja ein absolutes Schnäppchen! Und, Max, es würde haargenau in dein Arbeitszimmer und zu den anderen Möbeln passen. Dein altes Sofa ist so entsetzlich durchgelegen.«

»Gar nicht«, entgegnet er beleidigt, »und ich mag mein Sofa. Es begleitet mich schon so lange, ist mir lieb und vertraut. Durchgelegen? Nicht dass ich wüsste. Ich kann nur auf diesem Sofa nachdenken und schreiben. Willst du wirklich, dass ich meine Arbeit verliere?«

»Nein, natürlich nicht«, lenke ich ein. »Aber beschwer dich nicht, wenn du Rückenschmerzen hast.«

Nach etwas mehr als zwei Stunden nähern wir uns allmählich wieder der Kasse. In meinem Einkaufswagen befindet sich ein großes Handtuch (für den Hund), eine Rollmatratze (für den Fall unerwarteter Gäste), ein hinreißendes Buddelschiff (für Max' Vater, der bald Geburtstag hat), ein extrem flaches Kopfkissen (für meine Mutter, die wegen ihrer Migräne ein solches Kissen immer schon gesucht hat) und ... und ... ach ja, das weiße Regal wird nächste Woche geliefert. Wegen der großen Nachfrage ist es leider nicht mehr am Lager.

Max will sich das mit dem Sofa jetzt doch durch den Kopf gehen lassen. Die Verkäuferin hatte ihn überredet, sich einmal, nur zur Probe, daraufzulegen. Wenige Minuten später war er eingeschlafen. Im Schlaf wirkte er so glücklich, dass ich es nicht übers Herz brachte, ihn zu wecken. »Ach, wissen Sie«, hatte ich zu der netten Verkäuferin gesagt, »ich nutze die Zeit einfach, um noch mal einen kleinen Rundgang durch das Geschäft zu machen und hole ihn später wieder ab. Wären Sie so freundlich und deckten meinen Mann etwas zu, er friert so leicht. Und wenn er aufwacht-«

Die Verkäuferin hatte lachend abgewinkt. »Ich weiß schon, Ihr Gatte nimmt dann gern ein paar Kekse zum Tee.«

Der Floh

Ein winzig kleiner frecher Floh
denn Flöhe sind nun oftmals so
beschloss er nähme besser sich ein Tier
dann käm er schneller fort von hier
doch wie es grad der Zufall wollte
kam nicht ein Tier sondern Frau Bolte
dem Floh war das so ziemlich schnurz
Hauptsache nur der Weg war kurz
und während ihn Frau Bolte trug
bekam er von ihr nicht genug
er biss sie kräftig in ihr Bein
sodass Frau Bolte schrie vor Pein
sie jagte ihn mal hoch mal runter
er war noch jung und ziemlich munter
bis er dann doch hinunterhüpfte
und bei der Katze unterschlüpfte

Der Weg nach oben

Das Leben ist oft recht gemein
und ein Erfolg stellt sich nicht ein
kein Schwein bemerkt je deine Größe
ob du dich zeigst in ganzer Blöße
dazu dann noch das Tanzbein schwingst
oder auch nur kunstvoll singst

Mag sein du schreibst ´ne tolle Story
doch jede Zeitung sagt nur sorry
die können wir so nicht gebrauchen
vielleicht noch in der Pfeife rauchen
und dann dein erster Kurzroman
er spielt in einer Schwebebahn
genial verfasst und voll Humor
fand nirgendwo ein offnes Ohr
da du doch gänzlich unbekannt
und auch entsprechend nicht verwandt

Es gäbe etwas im Vertrauen
und unter uns man kann drauf bauen
die Sache mit der Liaison
ist zwar nicht jedermanns Fasson
doch muss man schon zu Hartem greifen
damit die Früchte vollends reifen

Mein Hund

Mein Hund der ist von jener Sorte
die Kekse liebt und jede Torte
auch Wurst vom Tische nicht verschmäht
doch merk ich's meistens viel zu spät
dann sind schon Kuchen Wurst verschwunden
und brüderlich geteilt mit andern Hunden.

Da er so recht sozial empfindet
nehm ich es hin dass was verschwindet
er liebt des Weiteren noch Schuhe
und eine lange Mittagsruhe
ist guter Laune jeden Tag
und weiß genau dass ich ihn mag

Ihr Passwort?

Wie oft im Leben hatte ich bereits nach meinen Pass- oder Kennwörtern gesucht. Wie häufig schon war ich durch diese, manchmal wirklich nicht vorhersehbare Frage *Und wie lautet Ihr Passwort?* in schiere Verzweiflung geraten.

»Mein Passwort? Warum brauche ich denn jetzt hier ein Passwort?«

Sie erhalten dann stereotype Antworten wie zum Beispiel: »Ohne gültiges Passwort kommen Sie hier aber nicht rein. Der Nächste.«
Oder: »Wie ist denn Ihr Kennwort? Ohne das kann ich Ihren Auftrag nicht entgegennehmen.« Auch schön: »Ohne Ihre Mitgliedsnummer sind wir nicht befugt,

Ihnen Auskünfte zu erteilen.« Bis hin zu: »Ohne Kennnummer können wir Ihr Problem nicht bearbeiten. Nennen Sie uns bitte zunächst Ihre Kennnummer!«
Sie können lange mit Ihrem Pass wedeln, selbst wenn Sie bereits einen besitzen, auf dem Ihre Fingerabdrücke gespeichert sind, es wird Ihnen nichts nützen. Ohne Passwort oder Kundenkarte kein Reinkommen. Tückischerweise auch kein Rauskommen mehr, sollten Sie zwischenzeitlich Ihre Karte verlegt oder Ihr Passwort vergessen haben. Und das kann ja mal passieren.

»Aber … ich … ich bin doch eindeutig ich!«, habe ich unlängst auf die Frage nach meiner Kennzahl gestottert. Da war ich schon äußerst mürbe und bedenklich nah am Rand eines Nervenzusammenbruchs. »Sie sehen es doch deutlich an meinem Pass und am Foto darauf. Der Pass ist sogar noch ganz neu!« Zum Abgleich habe ich das kleine Konterfei direkt neben mein Gesicht gehalten. Im Gegensatz zum vorherigen Passfoto hatte dieses sogar eine gewisse Ähnlichkeit mit mir. »Schließlich bin ich doch auch hereingekommen«, habe ich noch matt hinzugefügt. Die Schwierigkeiten, die sich dabei aufgetan hatten, wollte ich nicht nochmals zur Sprache bringen.

»Ist mir wurscht«, hat doch tatsächlich der junge Mann daraufhin geantwortet. »Was ich brauche ist Ihr Zugangscode. Sonst kommen Sie so schnell nicht mehr aus dem Parkhaus heraus.«

Kennwort? Passwort? Kennzahl? Zugangscode? Was denn nun? Die wissen wohl selbst nicht, was sie wollen. Ehrlich gesagt, mir fehlte der Nerv für weitere Diskussionen. Ich hatte auch keine Zeit mehr, ein höchst wichtiger Termin wartete. Ich musste los, mit oder ohne Passwort. Oder Kennzahl. Also durchbrach ich mit dem Wagen die rot-weiß gestreifte Schranke. Es ging eigentlich ganz leicht. Leider hatte ich in der Eile den plötzlich entgegenkommenden Betonpfeiler nicht gesehen.

Nun stehe ich hier, und eine tiefe Stimme fragt mich nach meiner Kennung. *Kennung?* Ob ich mich verhört habe? Eigenartige Gegend, sehr hell und- erschrocken trete ich einen großen Schritt zurück, als ich bemerke, worauf ich stehe. Aber dort sieht es auch nicht anders aus, ich befinde mich immer noch auf einer Art Wolke. Um die Festigkeit des Untergrunds zu testen, hüpfe ich ein paar Mal darauf herum. Hält.

»Ihre Kennung, bitte!«, ertönt es wieder. Um mich herum nichts als weiße Wolken, dazwischen hin und wieder ein Stückchen tiefblauer Himmel. Es ist mir absolut unerklärlich, woher die Stimme kommt.

Meine Hände wollen automatisch dorthin greifen, wo sich üblicherweise meine Hosentaschen befinden. Aber da sind keine. Selbst wenn da welche gewesen wären, eine Kennung hätte ich darin wohl schwerlich gefunden. Erstaunt stelle ich fest, ich trage lediglich ein langes, weißes Hemd ohne irgendwelche Taschen. Das erinnert mich an etwas. Ein Gedicht? Ein Lied? Es will mir auf die Schnelle nicht einfallen. »Fehlen nur noch die Flügel«, versuche ich nach einem raschen Blick über eine meiner Schultern zu scherzen. Das Hemd ist hinten geschlossen. Ganz sicher kann man ja nie sein.

»Das stimmt«, wieder die Stimme. Sie klingt nicht böse, nicht streng, eher gelassen. Vielleicht sogar einen Hauch gleichgültig. »Ohne Kennung keine Flügel. Und ohne Flügel …« Die Stimme bricht ab. Ich höre ein Geräusch wie das langsame Umblättern von Papierseiten. Liest da jemand etwa in der Zwischenzeit in einer Illustrierten?

»Das ist ein Witz, oder?«, frage ich, jetzt doch etwas erschrocken.

»Kein Witz«, verneint die Stimme. »Sie haben noch zwei Minuten, um mir Ihre Kennung zu nennen.«

»Was denn für eine Kennung?« Ich werde spürbar hektisch. Mir ist soeben eingefallen, dass ich unter Höhenangst leide und wer weiß, was passiert, wenn ich die Kennung nicht nennen kann. »Wie ungefähr müsste sie denn aussehen, die Kennung? Und überhaupt, wo bin ich eigentlich, und wer sind Sie?«

»Das sind vier Fragen.« Die Antwort kommt immer noch irgendwo aus dem Universum. »Soviel Zeit ist jetzt wirklich nicht mehr.«

»Also gut«, sage ich. Mir fällt auf, dass meine Stimme leicht zittert. »Noch einmal, wie zum Beispiel könnte die Kennung lauten? Bitte«, füge ich hinzu, denn vielleicht fehlte bisher lediglich das kleine Zauberwort.

»Zu spät«, höre ich die Stimme sagen, »die zwei Minuten sind um.«

»Und nun?« Meine Augen sind weit aufgerissen. Schweiß rinnt mir in Strömen übers Gesicht, während die Angst mir wie eine Schlange den Rücken hinaufkriecht.

In diesem Augenblick klopft es. Mit einem Gefühl allergrößter Dankbarkeit erwache ich.

»Geht es Ihnen gut?« Durch das Wagenfenster erkenne ich den besorgten Blick einer älteren weiblichen Person. Sie hat ein auffällig geschminktes Gesicht und trägt eine kurze, blondierte Dauerwellenfrisur unter einem außergewöhnlichen Hut. Auf dieser Kopfbedeckung, deren Grundfarbe sich nicht mehr erkennen lässt, befinden sich etliche Obst- und Gemüseteile, garniert mit Schnittblumen und Kräutern.

Während ich die Frau mit ihrem seltsamen Kopfputz immer noch anstarre und fieberhaft überlege, ob das vielleicht doch wieder nur irgendein gemeiner Trick sein könnte, klopft sie erneut an die Fensterscheibe. »Sind Sie in Ordnung? Oder soll ich doch lieber einen Arzt rufen?«

Langsam lasse ich das Wagenfenster herunter. Ich fühle mich immer noch leicht benommen und habe eine trockene Kehle, als sei ich durch eine Wüste gegangen.

»Nein, vielen Dank.« Es klingt wie ein Röcheln. »Bitte, nur keinen Arzt rufen! Ich hätte mein Passwort ohnehin nicht dabei.«

Als sie mich daraufhin verständnislos anschaut, lache ich laut auf. Das hätte ich besser unterlassen; wegen meiner trockenen Kehle bekomme ich einen Hustenanfall.

Als ich mich wieder gefangen habe, erkläre ich der Dame: »Entschuldigung, alles in Ordnung. Ich war nur eingeschlafen und habe geträumt. Schlecht geträumt.«

Letzter Wille

Der Mensch ist seines Glückes Schmied
sprach der Herr S. der drauf verschied
wobei er sorgfältigst vermied
das Ganze näher zu erläutern

Der Mensch sei besser nicht allein
beschloss Frau S. und nahm was ein
wobei sie sorgfältigst zum Schein
so tat als würde sie verreisen

Im Hause S. geschah nichts mehr
bis ein Geruch so seltsam schwer
vom Inneren des Hauses her
nicht mehr zu ignorieren war

Man fand im Bett das Ehepaar
beziehungsweise was noch übrig war
dass das nicht gut aussah war klar
doch auch nicht von Bedeutung

Blick aus dem Fenster (oder Mensch Karl-Heinz)

Mensch Karl-Heinz das musst du sehn
wie die mit dem Kind umgeh'n
und das junge Pärchen eben
früher hätt´s das nicht gegeben
küssen sich ganz öffentlich
dass man meint sie fressen sich

Drüben dieser alte Dicke
hat jetzt so ´ne junge Schicke
was die Männer sich bloß denken
kannst dir ruhig dein Grinsen schenken
Augen hat die wie ein Reh
und jetzt schon im Negligé
oder vielleicht immer noch
Mensch Karl-Heinz nun lass das doch
stell das Fernglas in den Schrank

Guck mal unten bei der Bank
die Maskierten überall
ach herrje ein Überfall
ich soll schnell das Fenster schließen
dass sie uns nicht noch erschießen
du bist mir vielleicht ein Held
die stehlen grade unser Geld

Sieh mal wie die alle rennen
einen kann man jetzt erkennen
na Gott sei Dank die Polizei
die sind ja heute schnell dabei
mach schon mal das Fernsehn an
gleich ist ein alter Derrick dran

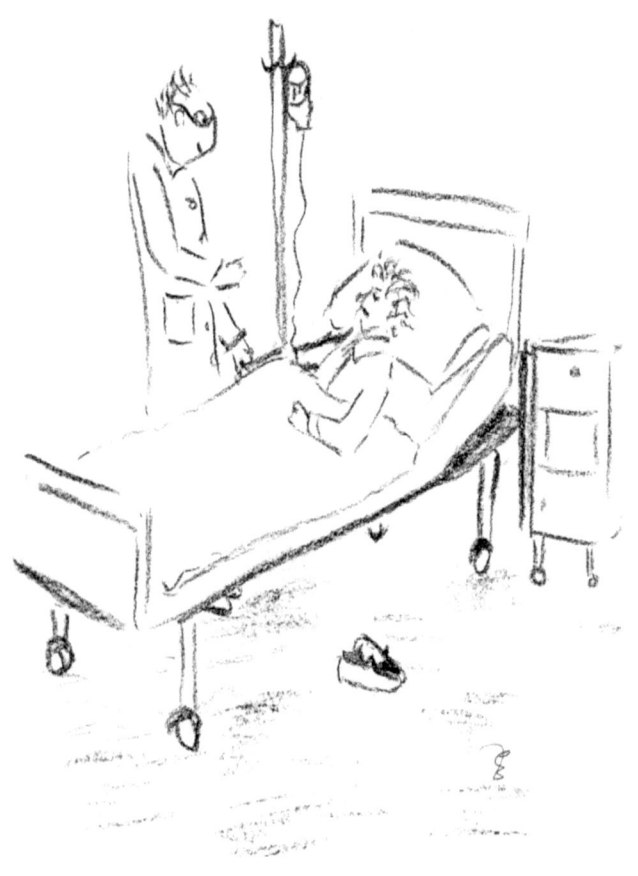

Davongekommen

Im großen Saal der Chirurgie
liegt M. und wird dort krank wie nie
er dachte maximal zehn Tage
doch scheint er in sehr ernster Lage
und in Gefahr wenn er dem Glauben schenkt
was man hier über seinen Zustand denkt
sie wollten nur den Blinddarm operieren
dabei entdeckten sie was an den Nieren
wo man schon mal beim Öffnen war
es wurde außerdem schnell klar
auch Richtung Lunge ist's bedenklich
ein rascher Eingriff unumgänglich
worauf die Ärzteschaft entzückt
erneut in den OP einrückt
wir ahnen wie es weitergeht
hier kommt erst raus wem's Herz still steht
M. floh bei Nacht als Arzt verkleidet
worum so mancher ihn beneidet

Das organisierte Verbrechen

Sie kamen keineswegs über Nacht, heimlich und verschlagen in der Dunkelheit. Nein, sie fielen am helllichten Tag ein. Eine ganz neue Variante, mit der niemand gerechnet hatte.

Von allen Seiten drangen sie ein, nahezu zeitgleich, systematisch und wie abgesprochen; die Spuren waren eindeutig. Sie hausten wie die Vandalen, wie welche, die absolut nichts zu verlieren hatten, schreckten vor nichts zurück. Und als sie sich wieder zurückzogen, war es lediglich für eine kurze Verschnaufpause, um Luft zu holen für den finalen Vernichtungsschlag. Sie leisteten ganze Arbeit.

Wir kamen, als sie gerade fertig geworden sein mussten, erblickten die Verwüstung und glaubten nicht, was wir sahen. Wollten es nicht glauben. Rieben uns die Augen wieder und wieder. Dachten, es sei die Müdigkeit von der gerade überstandenen, anstrengenden Tagesreise.

»Fast alles zerstört«, stellte ich mit rauer Stimme fest. Das Entsetzen, das ich empfand, war so riesengroß, dass es einen Schmerz im ersten Moment nicht zuließ. Kaum eine Stelle hatten sie ausgelassen. Das Ergebnis unzähliger Arbeitsstunden kaputt.

»Denkst du, sie kommen noch einmal wieder?« Max' Stimme zitterte bedenklich.

»Sollen sie«, knurrte ich rachsüchtig. »Ich hoffe es! Verbrecher kommen häufig noch einmal an den Ort des Geschehens zurück. Besitzen wir noch das alte Jagdgewehr von deinem Vater? Bitte, hole es und schau nach, ob wir noch Munition dafür haben. Ich bereite mir in der Zwischenzeit eine Kanne Kaffee, dann lege ich mich auf die Lauer.«

»Es wird bald dunkel, du wirst kaum etwas sehen«, wandte Max ein.

»Ich schalte alle Lampen an, drinnen und draußen, das wird reichen«, sagte ich mit einer Stimme, die hammerhart klingen sollte, und marschierte in die Küche.

Max kam eine Viertelstunde später müde und niedergeschlagen hinterher. Das Gewehr stellte er vorsichtig in eine Ecke. »Weißt du noch, damals?«

»Wie könnte ich das vergessen.« Ich knirschte mit den Zähnen, während ich zehn Löffel Kaffeepulver mit

Schwung in den Filter beförderte. Damit hielt ich notfalls mehrere Tage durch. Ich würde jetzt nur noch Nägel mit Köpfen machen, kein Wenn und Aber mehr gelten lassen. Damit würde endgültig Schluss sein. »Sollen sie mir nur vor die Flinte kommen, einen nach dem anderen werde ich erledigen, kaltblütig, ohne auch nur mit der Wimper zu zucken. Dann werde ich sie ausstellen, hinhängen als Warnung für die, die meinen, sie können so etwas ungestraft mit uns machen.« Unbeabsichtigt hatte ich die letzten Sätze laut vor mich hingemurmelt.

»Du hast vollkommen recht.« Max nickte. »Da mache ich mit. Wir kesseln sie ein. Wenn sie noch einmal kommen, dann kriegen wir sie. Ich hole mir gleich die alte Harpune aus dem Keller.« Tapfer schenkte er sich einen großen Becher von dem Kaffeegebräu ein.

Richtig, die alte Harpune. Freunde hatten sie vor Jahren wegwerfen wollen, weil sie ihnen zu gefährlich schien. Sie hatten die Befürchtung, ihre Kinder könnten eines Tages auf die Idee kommen, damit spielen zu wollen. Max hatte sie schließlich an sich genommen. Nur so, zur Verteidigung, falls es mal nötig sein sollte.

»Danke!« Ich war gerührt und froh, die Nacht nicht allein dort draußen verbringen zu müssen. Ein weiteres Erbstück kam mir in den Sinn. »Existiert eigentlich noch die Büchse deines Bruders? Für den Fall, dass die anderen Waffen längst eingerostet sind?«

»Gute Idee.« Max überlegte. »Sie müsste in meinem Arbeitszimmer hinter dem Bücherregal stehen.«

Eine Weile hockten wir auf den Küchenstühlen, hielten unsere Becher umklammert und waren in Gedanken versunken.

Ich dachte gerade an ihr erstes Auftauchen, als Max meine Gedanken unterbrach. »Nie werde ich vergessen, was ich damals beim Anblick unseres Gartens empfunden habe. Dieses Ausmaß an Verwüstung!«

»Oh ja.« Als wäre es gestern gewesen sah ich jedes einzelne Detail vor mir. Wir hatten unser neues Haus bezogen, danach wochenlang den Garten liebevoll gestaltet und bepflanzt, obwohl wir nach dem Umzug und vorher dem Tapezieren und Streichen dafür eigentlich gar keine Kraft mehr gehabt hatten. Nachdem wir fertig gewesen waren, hatten wir uns eine Woche Erholung an der See gegönnt. Obwohl es dort schön gewesen war, hatte doch die Freude über unser Häuschen und den schönen Garten überwogen. Wir waren gern zurückgefahren. Und dann das!

In diesem Augenblick ertönte ein Schuss. Ich schreckte zusammen. »Max?«

Er war, während ich noch meinen Gedanken nachhing, erst in sein Arbeitszimmer und anschließend nach draußen gegangen zum Rosenbeet, zu der wunderschönen, einzigartig duftenden roten Rose, die er als erste für mich zum Einzug gepflanzt hatte. Als eine von ganz wenigen stand sie noch aufrecht.

Max wühlte aufgeregt mit den Händen in der Erde, als ich ihn atemlos erreichte. Die Flinte seines Bruders lag neben ihm.

»Ich hab sie!«, rief er triumphierend und ließ eine ziemlich große tote Wühlmaus am Schwanz baumeln.

Inzwischen haben wir unseren Garten umgestaltet. Wo einmal Rasen war, befinden sich nun Kies- und Sandflächen. Darauf haben wir einige hübsche Findlinge platziert. Einer hat übrigens die Form eines Maulwurfs. Natürlich haben wir auch noch die eine oder andere Pflanze, aber nur noch im Topf oder in einer Schale.

Die Kies- und Sandflächen eignen sich hervorragend, um zauberhafte Muster hineinzuharken. Wir tun das regelmäßig. Es ist eine wunderbare Möglichkeit, zu meditativer Ruhe zu gelangen.

Gelegentlich taucht für kurze Zeit eine Wühlmaus oder ein Maulwurf in unserem Garten auf, doch das stört uns nicht weiter. Die Tiere benutzen die vorhandenen Gänge lediglich als Abkürzung; sie gelangen dann schneller in Nachbars Garten.

Narrenspiel

Wir fraßen an uns einen Narren
und gingen unter so samt Schiff
jetzt hängt der alte Karren
mit uns an einem Riff

Der Haifisch der hat Zähne
und' n ziemliches Gewicht
wir weinten keine Träne
denn Narren frisst er nicht

Die spuckt er aus in hohem Bogen
an irgendeinen unbekannten Strand
das Schiff ruht auf dem Meeresboden
und du mit mir im schönen warmen Sand

Überschätzt

Herr K. war alt und sollt nicht mehr
fuhr dennoch Auto kreuz und quer
er hörte kaum und sah nur schlecht
doch rezitierte er gern Brecht
konnte auch Mozart dirigieren
und Prominente imitieren
dies alles tat er gern beim Fahren
hielt sich für einen Mann in besten Jahren

Vor Kurzem noch konnt man ihn sehn
in Skiern auf der Piste steh'n
die waren sechzig Jahre alt
das machte nichts das ließ ihn kalt
er hielt kurz ein und brauste los
wollte in einem bis Davos
das war dann doch ein bisschen viel
so kam es dass kurz vor dem Ziel
ein jähes Ende ihm geschah
als er den Mastbaum übersah

Ohne Chefarztbehandlung oder: Bis zum Äußersten

Mir geht es elendig. So schlecht wie schon lange nicht mehr. Den Kopf kann ich keine zwei Zentimeter heben, ohne das Gefühl zu haben, das Universum gerät aus den Fugen. Und wenn ich es doch versuche, scheint sich das Dreibettzimmer nicht nur um mich zu drehen, sondern jeder einzelne Einrichtungsgegenstand darin auch noch jeweils um sich selbst, also auch mein Bett. Oh, ist mir schlecht. Selbst wenn jetzt etwas mit meinem Magen passieren sollte- wobei es mir absolut rätselhaft ist, dass immer noch etwas herauskommt, kann ich doch seit Tagen nichts mehr zu mir nehmen- wo sollte ich in meinem Zustand so schnell hin? Eine Nierenschale habe ich nicht, und die Strecke zur Toilette erscheint mir unendlich; ich schätze sie auf vier Meter fünfzig. Vielleicht könnte ich mich zur Seite rollen, aus dem Bett fallen lassen und anschließend doch dorthin kriechen? Bei der Vorstellung wird mir noch übler. Schnell lasse ich meinen Kopf wieder tief ins Kissen sinken, schließe die Augen und ziehe mir zusätzlich die Bettdecke über den Kopf. Seit drei Stunden schon hat sich trotz wiederholten Klingelns niemand vom Pflegepersonal im Zimmer blicken lassen. Dabei ist hier niemand ansteckend. Der Neuzugang im Bett an der Tür röchelt seit einer Stunde nur noch leise, das Flehen um ein Glas Wasser hat inzwischen aufgehört.

»Ich würde nicht zögern, Ihnen etwas zu holen«, habe ich entschuldigend gemurmelt, »aber ich kann beim besten Willen nicht aus dem Bett. Drehschwindel. Und Sie?«

»Wahrscheinlich sind es wieder einmal die Nieren. Die Schmerzen sind so schlimm oooohhh… aaaahhh …«, die Frau versucht, sich etwas zu drehen, um mich besser sehen zu können, »dass ich mich kaum noch rühren kann.« Die Patientin zwischen uns ist frisch operiert und noch nicht wieder bei Bewusstsein. Mit ihr ist vorläufig also auch nicht zu rechnen. Wir hoffen, dass spätestens dann jemand auftaucht, wenn ihr Tropf leer ist. Meiner hängt seit dem Vortag immer noch unangeschlossen am Ständer. Etwas neidisch schaue ich auf den Urinbeutel am Nebenbett. Ein ausgesprochenes Pech, dass Max ausgerechnet jetzt von seiner Firma zu einem Fortbildungsseminar geschickt worden ist, und meine Mutter sich einen Fuß gebrochen hat. Max hätte schon dafür gesorgt, dass mein Tropf angeschlossen worden wäre und auch dafür, dass ich irgendwie zur Toilette gelange. Und wenn er mich eigenhändig dorthin tragen müsste.

»Dabei bin ich privat versichert«, kommt es plötzlich vom Krankenlager an der Tür. Vorsichtig befreie ich meinen Kopf wieder aus der Bettdecke. »Was machen Sie dann hier?«

»Kein Einzel- oder Zweibettzimmer frei.«

»Allerhand«, bemerke ich mitfühlend. »Da zahlt man … Früher hat man wenigstens eine Flasche Wasser hingestellt bekommen.«

Die Frau lacht leise, es klingt bitter. »Neben dem Aufzug ist ein Getränkeautomat.«

»Und wer es nicht bis dorthin schafft?« Ich war schon länger nicht mehr Patientin in einem Krankenhaus und bin offensichtlich nicht mehr im Bilde.

»Muss eben auf Besucher warten«, antwortet sie müde.

Die nächste Frage wage ich minutenlang nicht auszusprechen.

»Was ist, wenn keiner kommt?«

»Wie bitte?«

»Wenn jemand keinen Besuch bekommt?«

»Pech gehabt.«

»Ungeheuerlich.«

»Stimmt.« Wir führen eine Art Minimal-Konversation, um nicht unnötig Energie zu verbrauchen. Wir wissen ja nicht, wie lange wir noch ohne Versorgung durchhalten müssen.

Was würde mit mir geschehen, käme Max nicht zurück? Eine Horrorvision. Glücklicherweise komme ich nicht dazu, diese Vorstellung zu vertiefen, denn die neue Patientin fragt: »Seit wann liegen Sie schon hier? Ich heiße übrigens Kirstin Maiwald.«

»Angenehm, Katharina Weber. Seit dem Wochenende.« Seit drei geschlagenen Tagen also. Max hatte es vor seiner Abreise gerade noch einrichten können, mich ins Krankenhaus zu fahren.

»Schon den Chefarzt gesehen?«

»Ja, ganz kurz.«

»Und, wie ist er?«

Nur mühsam bekämpfe ich einen Anfall von starker Übelkeit, bevor ich antworte: »Er nahm irrtümlich an, ich sei privat versichert und wollte mir gerade die Hand zur Begrüßung reichen, als ich ihn darüber aufklären musste, ich sei aber Kassenpatientin.«

»Oh Gott!« Kirstin Maiwald stöhnt, während sie sich mit schmerzverzerrtem Gesicht etwas aufrichtet. »Und wie war seine Reaktion darauf?«

»Er hat seine Hand unverzüglich wieder zurückgezogen und ist mit einem kurzen, zwischen den Lippen hervorgepressten Abschiedsgruß aus dem Zimmer gestoben.« Wobei ich inzwischen nicht mehr beschwören könnte, ob er tatsächlich noch gegrüßt hat, oder ich mir seinen Gruß vielleicht nur eingebildet habe.

Meine Zimmergenossin schreit auf, was wiederum mich zutiefst erschreckt. Sind ihre Schmerzen so furchtbar, oder handelt es sich hier um eine Reaktion auf meine Antwort? Jedenfalls müsste ihr lauter Ruf mühelos bis ins Schwestern- oder Arztzimmer gedrungen sein. Niemand reagiert. Zu Zeiten von Fußball-Weltmeisterschaft, Olympiade oder Epidemien könnte man noch ein gewisses Verständnis aufbringen, aber meines Wissens liegt nichts dergleichen an.

»Ich klingle jetzt solange, bis irgendjemand kommt.« Kirstin Maiwalds Stimme zittert zwar leicht, wirkt aber dennoch absolut entschlossen. »Ich werde jetzt bis zum Äußersten gehen, machen Sie mit?«

Was für eine Frage unter diesen Umständen. »Aber sicher!«

Eisig

Es sprach im Stall früh eine Ziege
ich glaub nun mach ich mal 'ne Biege
bevor die Magd mit kalten Händen
zum Melken kommt bin ich in Emden

Das hörte auch die Milchkuh Ute
die immer ganz erbärmlich muhte
molk sie die Magd mit kalter Hand
sie zog es mehr nach Süddeutschland

Als dann die Magd (mit kalten Händen)
den Stall betrat war er verwaist
gekritzelt stand an seinen Wänden
wer hier gemolken wird - vereist

Kalte Wintertage

Ich bräuchte um es klar zu sagen
in diesen kalten Wintertagen
ein wenig mehr von deiner Liebe
ein bisschen Wärme fürs Getriebe
damit der Motor mir nicht stockt

Auch wünsch ich um nicht nachzulassen
du würdest mich mal unterfassen
und mit mir Glühwein trinken geh'n
danach das wirst du dann schon seh'n
wüsst ich noch etwas andres

Fast eine Weihnachtsgeschichte

Sophie war die Allerzarteste. Nein, nicht was Sie jetzt denken, nicht Versuchung. Sie schien einfach die zarteste Statur von allen zu haben. Bisher jedenfalls. Ihre Ärmchen und Beinchen und erst die winzigen Füße - allesamt wirkten sie unendlich fein und von einem fast durchsichtigen zarten Rosa. Dieses kleine Köpfchen mit dem rosa Schnäuzchen und den langen Barthärchen daran, den weißen Zähnchen und tiefdunklen Knopfäugelchen, ich meinte, nie etwas Hübscheres gesehen zu haben.

In anmutiger Haltung saß sie da, hielt ihren Kopf ein wenig schräg und sah mich erwartungsvoll an, als ich am Morgen zu ihr hochstieg.

Sie blickte nicht irritiert wie Antje oder vorwurfsvoll wie Tom, nicht zu Tode erschrocken wie Belinda, auch nicht desinteressiert Brotkrumen kauend wie Ben oder wild mit den Augen rollend und noch wilder am Gitter rüttelnd wie Dustin. Nein, sie war ganz ruhig. Auch die Farbe ihres Fells schien anders als das der anderen zu sein. Es war von einem wunderbaren Nussbraun mit einigen fast schwarzen, aber auch einigen hellen Strähnchen darin.

»Wahrlich, du bist die Schönste von allen«, gab ich bewundernd zu. Und es schien, als würde ihr das Gesagte gefallen. Sie drehte daraufhin nämlich wie zur Bestätigung eine kleine, feine Pirouette, soweit es die Vergitterung der Lebendfalle zuließ.

Der Gedanke, sie würde vielleicht in Kürze auf grausame Weise ums Leben kommen, machte mich traurig. Doch hier konnte sie unmöglich bleiben. Jedenfalls nicht unter diesen Umständen. Die anderen siebenundfünfzig ihrer Art, die uns bisher in diesem Spätherbst die Ehre erwiesen hatten, mussten schließlich auch draußen zurechtkommen.

Obwohl es hier oben auf dem Dachboden recht frisch war, setzte ich mich auf die Bodenbretter und richtete es so ein, dass wir uns in etwa auf Augenhöhe befanden.

»Weißt du, Sophie, was das Problem ist?«, fragte ich sie. Ich fand, der Name Sophie passte gut zu ihr.

Fast erwartete ich ihr Kopfschütteln, doch stattdessen begann sie, während Sie durchaus interessiert meinen Worten lauschte, ihre Füßchen zu putzen. Etwas Schokolade vom Schokoladenbrot war wohl beim Essen daran hängen geblieben. Von wegen Speck oder Käse! Möglichst fetter Schokoladenaufstrich ist die Leib- und Magenspeise der kleinen Nager.

Mein Magen knurrte laut. Sophie hielt inne und sah mich fragend an.

»Also, was ich sagen wollte«, fuhr ich fort und zog fröstelnd die Jacke fester um meine Schultern. »Wenn ich dich und deine Freunde weiterhin hier wohnen lassen würde, müsstet ihr euch künftig schon an die Hausordnung halten. Konkret bedeutet das, keine Rennen mehr ab dreiundzwanzig Uhr, kein Geknabber und Genage an der Dämmwolle und auch nicht an den Holzbalken. Und was schon ganz und gar ausgeschlossen ist, Teile unserer Decken, Federbetten und Mäntel zum Nestbau zu verwenden!« Ich bemühte mich um einen strengen Gesichtsausdruck.

Sophie widmete sich nun ausgiebig ihrer Fellpflege.

»Außerdem ist es doch wohl nicht zuviel verlangt, dass du nach draußen gehst, wenn du mal musst.«

»Kommst du endlich zum Frühstück?«, rief Max ungeduldig von unten. »Es ist dir doch wohl nicht entgangen, dass Weihnachten ist. Außerdem zieht es wie Hechtsuppe. Und überhaupt, mit wem redest du?«

»Gleich bin ich bei dir!«, rief ich, »ich muss nur noch etwas klären.

Dumme Bemerkung«, stellte ich fest. »Als ob ich nicht wüsste, dass Heiligabend ist. Also, was meinst du, Sophie? Wir können schon seit vielen Wochen kaum noch schlafen, weil ihr so einen Lärm verursacht. Es sieht hier aus wie auf einem Schlachtfeld, es riecht wie im Zoo, und jeden Abend Schokoladenbrote für eure Fallen zu streichen, ist mit der Zeit auch ganz schön aufwändig.«

Max' Kopf erschien in der Luke zum Dachboden. Grübelnd sah er mich an. »Du kommst einfach nicht darüber hinweg, dass wir mal eine in der Falle getötet haben.«

»Stimmt«, antwortete ich. »Weißt du noch, wie du beinah selbst mit der Hand in die große, schwere Falle geraten bist, als wir den Käse darin befestigen wollten?«

Er nickte und ergänzte: »Und wir dann nicht einschlafen konnten, weil wir uns vor dem Geräusch der zuschlagenden Falle fürchteten.«

Wir hatten angenommen, den Geräuschen auf dem Dachboden nach zu urteilen, würde es sich mindestens um eine ausgewachsene Ratte handeln. Seit Wochen schon hatten wir versucht, jedes auch nur erdenkliche Loch, jeden Schlitz am Haus zu vergittern, um kleinen oder größeren Nagern den Zutritt unmöglich zu machen. Keine Ahnung, wie sie es dennoch immer wieder schafften hineinzugelangen. Gegen vier Uhr war unüberhörbar diese entsetzliche Falle zugeschlagen. Ich hatte mir für den Rest der Nacht die Decke über den Kopf gezogen, aber schlafen konnte ich natürlich nicht.

Morgens der fürchterliche Moment. Was würde uns auf dem Dachboden in der Falle erwarten? Und wenn nun doch ein Mäuschen oder ein Siebenschläfer oder ein verirrtes Eichhörnchen in die todbringende Falle geraten war? Und was ganz schrecklich wäre, darin noch eine Zeitlang gelitten hatte? Horrorbilder gingen mir durch den Kopf, als Max die Leiter als Erster erklomm.

»Sieh besser nicht hin«, hatte er mir geraten. »Es ist eine kleine Maus.«

Natürlich musste ich hingucken. So klein war sie nämlich gar nicht. Und seither will mir der trostlose Anblick nicht mehr aus dem Kopf gehen.

Max streckte die Hand aus. »Gib sie mir, ich bringe sie raus. Sie wird froh sein, endlich aus dem Käfig herauszukommen. Es sollte mich wundern, wenn sie die Letzte wäre. Und nun komm endlich zum Frühstück. Frohe Weihnachten!«

Immer mehr

Immer mehr und das noch schneller
möglichst höher dann wird's heller
Genuss sofort mit Strick am Bein
beim Bungeespringen Erster sein
nix wie weg lastminutereisen
mit dem Fallschirm sich beweisen
in den Dschungel durch die Wüste
vorbei an dieser oder jener Büste
Beachball surfen und frei klettern
Drachenflug bei allen Wettern
durchs Internet mit Bits und Maus
das alles praktisch von zu Haus
Disco dass die Ohren dröhnen
hier und da noch lauter stöhnen
Etagenwohnung hin und her
in das Zimmer rechts mein Herr
pralles Leben volles Risiko
zu kurz das Dasein sowieso
nur ich bin ein Alien
liege auf Balkonien
liebe Frieden und die Stille
dich mit oder ohne Brille
bin mit wenig schon zufrieden
ich finde mir ist Glück beschieden

Alles wird gut

In wenigen Wochen wollen wir umziehen und haben diese Gelegenheit genutzt, bei unserem Telefon-Anbieter für unser neues Zuhause einen DSL-Anschluss zu beantragen. Die Vormieter, ein Pastorenehepaar, waren zwar nicht gerade der Meinung, das sei alles Teufelszeug, aber eben auch nicht besonders erstrebenswert. Wir jedoch wollten raus aus der Kommunikations-Steinzeit, endlich fort von all den verächtlichen oder mitleidigen Blicken und Reaktionen unserer Bekannten. »Nicht zu glauben, ihr habt immer noch kein DSL. Da dauert ja alles ewig. Der ganze Bildaufbau - eeeeewig. Ihr wart bisher tatsächlich ohne Telefon- und Internet-Flatrate? Ihr armen Säue! Und von iPhone und iPod habt ihr sicherlich noch nie gehört.« Doch, hatten wir, aber was sollten wir damit anfangen?

Also, wie gesagt, wir teilten unserem Telefonanbieter das Umzugsdatum und die neue Anschrift mit und beantragten bei dieser Gelegenheit Telefon- und Internet-Flatrate. Telefonisch und zur Sicherheit auch schriftlich, obwohl davon abgeraten wurde, aber uns ließ einfach das Gefühl nicht los, dass der Kundenberater uns nicht richtig verstehen wollte oder konnte.

»Schwarz auf weiß ist doch immer noch das Sicherste«, hatte Max gemurmelt, nachdem er die umständlichen Formulare endlich ausgefüllt und zum Briefkasten befördert hatte.

Nun haben wir seit längerem schon etwas Ärger mit unserem Telefonanbieter, da sich bereits seit Monaten auf den Rechnungen ein zusätzlicher, recht seltsamer Betrag breitmacht. Auf Nachfrage bei der Firma heißt es, der Betrag stünde zwar mit auf der Rechnung, sie jedoch hätten damit nichts, aber auch rein gar nichts zu tun. Wir sollten uns direkt mit dem Unternehmen in Verbindung setzen, das für den Posten zuständig sei.

Schon drei Tage später gelingt es uns, einen Kontakt zu dieser Firma herzustellen. Wir erhalten die Auskunft, die besagte Gebühr entstünde beim Einwählen ins Internet. Durch Einwahl über die Nummer soundso seien wir nun Mitglied und das koste. Weder hatten wir uns über die besagte Nummer eingewählt, noch wollten wir bei dieser uns völlig unbekannten Firma unter diesen Umständen Mitglied sein.

Unserem vehementen Einspruch wird schließlich insofern stattgegeben, als dass wir drei von sieben Monatsbeiträgen zurückerhalten, jedoch mit dem Hinweis, durch entsprechende Einwahl könnten wir jederzeit automatisch erneut Mitglied werden.

Max schäumt und kündigt das Einzugsverfahren zum übernächsten Monat. »Lieber überweise ich jeden Monat!«, schnaubt er.

Wenige Tage später erhalten wir eine Mahnung der Telefongesellschaft. »Oh je«, bemerke ich erschrocken zu Max, »hast du bei der Änderung vielleicht einen falschen Termin genannt? Die bringen es noch fertig und stellen uns das Telefon ab.«

»Ich bin doch nicht blöd!« Er eilt zum Schreibtisch, zieht eine Kopie unseres Schreibens aus der Schublade hervor. Seine Hände zittern leicht. »Hier, schau.«

Also rufe ich unseren Telefonanbieter an, es ist Freitag Mittag, und verlange eine Erklärung. Eine Dame bittet mich verlegen um Geduld, am besten riefe ich Anfang der Woche wieder an, bei ihnen sei soeben das System abgestürzt.

»Meins stürzt auch gleich ab!« Max flucht, stößt wüste Drohungen aus.

»So kenne ich dich gar nicht«, stelle ich befremdet fest.

Dienstag erhalten wir die Erklärung: Wir seien bereits unter Barzahler notiert, mehr sei auf dem Bildschirm nicht zu erkennen. Und wenn nicht gezahlt würde, würde eben gemahnt und auch notfalls das Telefon abgestellt. Das sei der übliche Weg.

Horrorvisionen lassen mich in der folgenden Nacht fast nicht einschlafen. Immer wieder greife ich zum Hörer und lausche dem Freizeichen. Als mich schließlich doch der Schlaf übermannt, habe ich einen Alptraum. Durch plötzlichen Tiefschnee sind wir von der Umwelt abgeschnitten, und das Telefon ist tot. Als ich erwache, überprüfe ich als Erstes die Leitung, dabei rutscht mir der Hörer aus der zittrigen Hand und knallt auf den Boden, aber das Freizeichen ertönt. Meine Güte, bin ich erleichtert.

Sicherheitshalber lasse ich das Ganze hinter Max' Rücken am nächsten Morgen wieder ändern; der Rechnungsbetrag wird jetzt wieder vom Konto abgebucht.

»Wirklich?«, hake ich mehrfach nach, »kann ich mich auch darauf verlassen?« Der junge Mann, mit dem ich diesmal verbunden bin, versucht, nicht ärgerlich zu werden; so ganz gelingt es ihm aber nicht. »Legen Sie nach diesem Gespräch nicht auf«, sagt er noch, »sondern drücken Sie die Taste 1, dort werden Sie noch zu unserem Service befragt.«

Ich bin versucht, unverzüglich aufzulegen.

»Ich möchte dort nicht angestellt sein«, bemerke ich zu Max, nachdem ich im Anschluss an die kurze Befragung den Hörer aufgelegt habe. »Die Angestellten können wahrscheinlich nichts dafür.«

Er schnaubt nur verächtlich und verschanzt sich hinter der Zeitung. Die Knöchel seiner Finger sind weiß, so sehr hat er sich in der Zeitung verkrallt.

Mit der nächsten Telefonrechnung, es muss schon die zweite in diesem Monat sein, stellen wir fest, wir sind erneut Mitglied dieser Internet-Anbieterfirma geworden.

Max brüllt: »Jetzt langt's aber! DSL wird sofort wieder abbestellt! Das grenzt ja an... an...« Ihm fehlen die Worte.

Also, kein DSL. Ich bin inzwischen mürbe und einverstanden. Wir kündigen diesen Teil unseres Antrags wieder und legen gleichzeitig einmal mehr Beschwerde gegen den erneuten Mitgliedsbeitrag ein. Überall, wo es nur geht. In dreifacher Ausfertigung.

Max ist jetzt reif für die Insel. Er braucht dringend Urlaub oder besser eine Kur. Auch mein Gesundheitszustand bereitet mir inzwischen Sorgen. Noch vier Wochen bis zum Umzug. Ob dann mit der Ummeldung alles klappen wird?

Gestern klingelte es an der Tür.

»Machst du bitte auf«, rief ich Max aus der Küche zu, »ich kann grad nicht.«

Er schlurfte zur Tür und öffnete. Ich hörte eine fremde Stimme. Dann war für eine Weile Stille, bis plötzlich ein schrecklicher, lang gezogener Schrei ertönte, ähnlich dem eines großen waidwunden Tieres, und schließlich etwas, das sich wie ein wüstes Handgemenge anhörte.

Zwei, vielleicht drei Minuten später fiel unsere Haustür krachend ins Schloss, dass die Fensterscheiben nur so wackelten. Erschrocken hastete ich zur Tür. Max saß mit vor Schmerz verzerrtem Gesicht auf dem Fußboden im Flur und presste eine Hand auf sein Herz.

»Zwei Männer«, stieß er hervor und rollte dabei wild mit den Augen, »zwei Männer ... sie wollten die neue

Telefonanlage installieren und haben uns zum Umzug gratuliert.«

»Warum das«, fragte ich erstaunt, »wir ziehen doch erst nächste Woche um. Max, was ist mit dir, brauchst du einen Arzt?«

»Nein, lieber nur ein Glas Wasser. Es geht gleich wieder besser.«

Inzwischen sind wir umgezogen, haben jegliche Telefonanschlüsse beseitigen lassen und lernen das Trommeln von unseren dunkelhäutigen Nachbarn. Sie sind sehr nett und überaus geduldig mit uns. Perfekt sind wir noch lange nicht, aber das wird schon noch. Wir verfügen dann zwar nicht über ein digitales, aber dennoch über ein wunderbares Hochgeschwindigkeits-Datenübertragungssystem. Eins der besonderen Art eben. Max befindet sich inzwischen auf dem Weg der Genesung, und auch ich werde allmählich wieder gelassener. Manchmal, wenn ich nicht gerade das Trommeln übe, schreibe ich schon mal den einen oder anderen Brief. So wie früher. Alles wird gut.

Novemberdepression

»Mir fällt nichts ein, worüber ich schreiben könnte«,
sage ich frustriert zu Max.
Seit Stunden schon sitze ich am Laptop, starre auf das
virtuelle weiße Blatt Papier vor mir. Nichts. Ich fühle
mich einfach ausgebrannt und leer.

»Dir fällt nichts ein?« Max lacht. »Das gibt es nicht!«
Vor Lachen verschluckt er sich an einer Olive, bekommt einen Hustenanfall. Abends knabbert er neuer-
dings Oliven statt Pralinen und Schokolade.

»Ja, mach dich nur lustig«, knurre ich. »Du musst
morgen früh auch keinen Beitrag abliefern. Punkt acht.«
Ärgerlich und müde starre ich wieder auf die weiße und
immer noch völlig leere Seite.

»Nimm einen von den älteren«, schlägt Max vor. »Fällt
doch keinem auf. Und dann gehen wir ins Kino, in die
Spätvorstellung. Wir waren schon ewig nicht mehr aus.«

»Das mache ich grundsätzlich nicht, das weißt du
doch«, entgegne ich. »Ich schreibe exklusiv und über
aktuelle Themen, da kann ich nicht irgendwelche ollen
Kamellen bringen.«

»Ach«, gähnt Max, »was heißt schon aktuell. Es hat
fast alles schon gegeben, und es kommt alles immer
wieder.«

»Wir wollen doch hoffen, dass das nicht der Fall sein
wird«, brumme ich missmutig.

»Okay, okay. Während du nachdenkst, besorge ich uns
ein paar Pommes frites. Vielleicht inspirieren sie dich.«

Er grinst mich an, während er den Raum verlässt. Ich
verfehle ihn nur knapp mit einem Kissen. »Ich dachte,
du wolltest abnehmen.«

«Schau mal in deine Mailbox!«, ruft er mir noch aus dem Flur zu, »vielleicht gibt's dort eine Anregung für dich.« Die Tür fällt ins Schloss.

Wer sollte mir schon geschrieben haben, ist doch fast immer nur Müll in der Mailbox. Kein Schwein ruft mich an, seit ewig kein privater Brief mehr im Briefkasten. Zwei bis drei Kilo müssten auch bei mir endlich wieder runter, bevor sie sich allzu heimisch fühlen. Offensichtlich habe ich heute Weltschmerztag.

Reiß dich ein bisschen zusammen, ermahne ich mich, auch andere leiden unter dem Novemberwetter. Und irgendeiner muss schließlich das Geld verdienen. Ich besorge mir wider besseren Gewissens eine Ration Alkoholpralinen. Eine ganz kleine nur. Es sind die, die eine Frau Bertolini (oder so ähnlich) strahlend in der Fernsehwerbung empfiehlt. Sie probiert dort zwar nur Kirschen, aber ich habe den Eindruck, den Alkohol dazu hat die ganze Crew bereits vor der Aufnahme des Werbespots getrunken. Alle wirken so unnatürlich gelöst, so heiter, wie sie da in der Sonne um die Kirschbäume hüpfen.

Zu den Pralinen schenke ich mir ein Gläschen Cognac ein. Nur einen kleinen Finger breit. Das kann doch unmöglich bei der Arbeit schaden, vielleicht ist es später meinem Schlaf zuträglich, der bleibt jetzt immer häufiger aus.

Max haben sie vor Kurzem aus dem Unternehmen wegrationalisiert. Einfach so nach dreißig Jahren, ohne Vorwarnung. Auch wenn der Schock anfangs groß war, habe ich inzwischen den Eindruck, Max ist ganz froh darüber, nicht mehr in die Firma zu müssen. Er hat versucht, sich möglichst wenig anmerken zu lassen, aber ich bin sicher, die Arbeitsatmosphäre war schon in den letzten Jahren ziemlich unerträglich. Allerdings erscheint mir die Entschädigung, die die Firma gezahlt hat, relativ klein, gemessen an der langen Zeit bis zur Rente. Und die Rente erst!

Der Knoten ist geplatzt. Zu meiner großen Erleichterung habe ich den Artikel über dieses Thema im Handumdrehen fertig. Das ist auch gut so, denn ich werde zunehmend müder. Die große Pralinenschachtel, die ich mir inzwischen geholt hatte, um nicht so oft laufen zu müssen, ist jetzt nur noch halb voll.

Das Telefon klingelt. Ich nehme den Hörer ab und rufe »*Lallo!*« Das klingt sehr lustig und ich lache albern. »*Lallo*«, wiederhole ich, weil es so schön ist.

»Wersda?« Max ist irritiert.

»Nawerschon« antworte ich mit ebensolcher schwerer Zunge. »Ichdachte... hick ... du wolltesthick ... Pommes frites holen.«

»Ich habe zufällig Klaus getroffen, unten bei der Pommes-Bude. Wir haben ein paar Bierchen getrunken und von den guten alten Zeiten geredet«, erklärt Max, um klare Aussprache bemüht. »Dabei haben wir uns schlicht verquatscht.« Die beiden letzten Worte sind nur noch zu erahnen.

»Schon gut«, sage ich, »machnix.«

»Hasdunatikelfeddich?«, will Max wissen, »odersollichkommundirhelfen?«

»Nee lassman«, antworte ich mit vorletzter Kraft. Und mit allerletzter: »Ich ... hick glaubichhabihnfertichunichgehjetzmaliebaschlafen.«

Schaffenskrise

Ein Dichter steckt in einer Schaffenskrise
es weht ihm nicht die kleinste Brise
kein Funke zu ihm überspringt
er hadert schwer mit sich und ringt
um einen Einfall gute Worte
für einen Stoff von jener Sorte
der tief schürft und sehr preisverdächtig
ihn endlich reich macht und auch mächtig
soviel er sich bemüht und quält
sich selbst und seinen Bleistift schält
treibt's ihm nur Tränen in die Augen
es macht ihn krank beginnt ihn auszulaugen
sieht sich im Geiste baumeln schon am Ast
da fällt von ihm ganz plötzlich diese Last
er wird jetzt erstmal biographisch
und packt sein Leben auf den Tisch
es schreibt doch heute jeder Hempel
wenn ihm nichts einfällt seinen Krempel

Eh, Alter!

Als ich nach Hause komme, vernehme ich als Erstes ein gottserbärmliches Stöhnen. Unverzüglich geistern wahre Schreckensbilder vor meinen Augen. »Max?«

Der Nachbar unserer Hundefrisörin hatte sich am Vortag im Garten einen Galgen gebaut und sich konsequenterweise im Anschluss daran erhängt. Dieter hatte vor zwei Wochen einen Infarkt und Conny unlängst einen Haushaltsunfall. Einer von denen, die man gern weit von sich weist: *So etwas kann mir doch nicht passieren!* Beim Hantieren mit einer bodenlangen Gardine war sie so unglücklich von der Leiter gestürzt, dass sie sich gleich mehrere, komplizierte Brüche am rechten Bein zugezogen hatte.

»Hallo?« Immer noch keine Antwort, doch im nächsten Augenblick sehe ich ihn am Rahmen der Tür vom Wohn- zum Esszimmer seltsame Verrenkungen machen, hochrot im Gesicht und unter Geräuschen, die mich an alles Mögliche erinnern, nur nicht an einen halbwegs normalen Menschen meines Bekanntenkreises. Vermutlich sollen Max' Bemühungen einmal Klimmzüge werden. Wenn sie groß sind.

So wie er gerade auf Halbmast hängt, hat er Ähnlichkeit mit einer vom Sturm verwehten Kleiderspende. Die Trainingshose unbestimmter Farbe mit dem ausgeleierten Gummizug, die ich längst im Altkleider-Container glaubte, ist so weit nach unten gerutscht, dass sie gut ein halbes, schneeweißes Hinterteil preisgibt. *Nichts ist so schön wie der Mond von Wanne-Eickel* intoniert spontan meine innere Stimme. Das grau-braune Shirt hat den Weg in die entgegengesetzte Richtung angetreten; es befindet sich im Augenblick mehrheitlich unter den Achseln des Trägers.

Während ich noch zwischen einem Grinsen und der Notwendigkeit ernsthafter Sorgen hin und her schwanke, reißt der Griff des schweren Plastikbeutels mit den Kartoffeln in meiner Linken, und sie poltern mit lautem Getöse aufs Parkett. Zeitgleich plumpst auch Max wie überreifes Fallobst zu Boden.

»Himmel, hast du mich erschreckt!«, japst er, während er sich die Stelle an seinem Allerwertesten reibt, die in Kürze in allen Regenbogenfarben schillern wird.

»Was treibst du hier?«, erkundige ich mich, während ich auf dem Boden liege und nach Erdäpfeln unter der Anrichte fahnde. »Bist du ganz sicher, dass dich der Türrahmen aushält?«

»So schwer bin ich nun auch wieder nicht«, murrt er, während er mir mit einem nackten Fuß eine Kartoffel zukickt. Nur noch zwei Tage bis zum Beginn der Fußballweltmeisterschaft.

»Ist etwas passiert?«, möchte ich wissen. »Du schindest dich doch sicher nicht ohne Grund.«

Während ich die Einkäufe in die Küche bringe, bricht es aus ihm heraus. »So ein paar Windelträger und Daumenlautscher auf Rollbrettern haben mich heute in der Einkaufspassage angerempelt und fast zu Fall gebracht. Ich hätte mir sonst etwas brechen können. Als ich mich daraufhin beschwert habe, haben sie mich auch noch hämisch als *Alter* tituliert! Und dass ich nicht so eine Welle machen soll!« Max ist die helle Empörung immer noch unschwer anzusehen.

»Man nennt die Teile Rollerbretter oder Skateboards. Max, aus ihrer Sicht ist das eben so, damit musst du dich abfinden. Wir hielten in unserer Jugend auch alle über fünfunddreißig für Menschen, die unmittelbar an der Schwelle zum Tod standen. Ach, so ist das, jetzt begreife ich erst. Du willst ,den Alten' nicht auf dir sitzen lassen. Du willst jetzt rett-« Ich gebe einen Husten-anfall vor und korrigiere mich schnell, »du willst dich jetzt so richtig fit machen?«

Max grinst. »Sprich es nur aus, retten, was noch zu retten ist. Ich habe dich schon verstanden.«

»Hättest du noch ein klitzekleines Zeitfenster fürs Kartoffelschälen offen, oder lässt das dein straffer Stun-denplan nicht zu?« erkundige ich mich und halte ihm ein Schälmesser hin.

Er ergreift es. »Würdest du heute Nachmittag mit mir einkaufen gehen?«

»Neue Sportkleidung?«, tippe ich. »Diesmal richtig schicke?«

Max schmunzelt, während er sein Hemd in Form zu ziehen versucht. »Genau!«

Plötzlich beschleicht mich eine unheimliche Ahnung. »Du willst doch nicht etwa auch ein Skateboard anschaf-fen?«

Lässig zuckt er mit den Achseln. »Warum eigentlich nicht? Ich könnte auch zunächst mit inlineskaten begin-nen Hättest du nicht Lust, mit mir zusammen-?«

Bei dieser Vorstellung rutscht mir eine große Kartof-fel aus der Hand direkt in den Topf; Wassertropfen spritzen mir ins Gesicht. Ich wusste gar nicht, dass Max auch nur den Hauch einer Ahnung von dieser Sportart besitzt.

»Ich habe auch schon die ideale Strecke gefunden.« Ungewohnt leichtfüßig, nahezu beflügelt, eilt Max ins Wohnzimmer und kehrt mit einer topografischen Karte zurück. »Hier, schau mal …«

Ach lieber guter Weihnachtsmann

Ach lieber guter Weihnachtsmann
nun schau dir die Bescherung an
ein Berg so weit das Auge reicht
der einem großen Müllberg gleicht
ganz oben drauf ein Baumgerippe
aus Kunststoff neben einer Krippe
am Baum hängt Obst und etwas Watte
und für den Hausherrn die Krawatte

Auf leichtem Kunstschnee mit Lametta
es herrscht mal wieder schlechtes Wetter
fährt man den Ski schon mal zur Probe
die Treppe runter zur Garderobe
danach gibt´s unter leichtem Schwips
noch vor dem Festmahl einen Gips
die Gans schmeckt ganz besonders gut
drum wird danach etwas geruht

Um Platz zu schaffen für Gebäck
öffnet man eigens zu dem Zweck
so machen Knopf und Hosenbund
und dann geht es so richtig rund
der Hund bellt laut die Katzen türmen
als alle nun zum Tanzen stürmen
dabei fällt Opa übern Knochen
hat sich sogleich den Hals gebrochen

Vom Oberschenkel das heilt wieder
zum Schluss noch ein paar Weihnachtslieder
im Techno-Stil und ab ins Bett
war es nicht diesmal richtig nett
ach lieber guter Weihnachtsmann
nun schau dir die Bescherung an

Statt eines Nachwortes

Trüffel

Ein Wildschwein hastet durch den Wald, dass die Erde bebt und die Bäume wackeln. Vollkommen außer Rand und Band schnüffelt es hier, buddelt dort. Schüttelt dann unwillig seinen schweren Kopf, rennt laut grunzend weiter.

Ja, um Himmels Willen, krächzt es da von oben, was machst du denn für einen Lärm? Was trampelst du hier herum, dass man meint, es handele sich um ein Erdbeben?

Ich suche etwas, antwortet das Schwein kurz und unwirsch.

Das ist nicht zu übersehen. Und was, wenn ich fragen darf? Ich könnte dir vielleicht dabei helfen. Von hier oben habe ich nämlich einen recht guten Überblick.

Das Schwein bleibt so abrupt stehen, dass ihm ein paar Erdbrocken um die Ohren fliegen und schaut hoch.

Rabe, bist du es?

Sicher, wer sonst. Wer, außer mir, hat eine so schöne einmalige Stimme? Also, was suchst du, Borstenvieh?

Trüffel, kommt es grunzend von unten. Ich hab gehört, es gibt wieder Trüffel.

Trüffel? Ha! Der Rabe lacht. Erst leise in sich hinein, dann immer lauter, schließlich so schallend, dass es seinen ganzen Körper schüttelt, und er beinah die Balance verliert.

Trüffel! Haben sie das wirklich gesagt?

Das Schwein nickt.

Und du hältst es für bare Münze? Das sagen sie nur so daher. Ein einfacher Trick ist das, um uns glauben zu machen, wir seien zu dumm, diese Köstlichkeiten zu finden. Oder zu faul. Ach, Borstenvieh, hast du wirklich angenommen ... Nun schau nicht so enttäuscht. Eher lernst du das Fliegen, als dass es wieder Trüffel gibt.

Das Schwein sinkt ermattet auf den Waldboden. Ihm ist zum Heulen. Keine Trüffel, schnieft es, nie wieder diese wundervollen Trüffel. Das ist das Ende.

Quatsch, ist es nicht! Der Rabe sitzt jetzt auf einem der untersten Zweige einer mächtigen Eiche. Sei nicht albern. Was hast du denn früher gegessen?

Weiß nicht mehr.

Aber ich. Kartoffeln zum Beispiel. Und Äpfel und Mais und Rüben und Eicheln.

Kartoffeln? Eicheln?

Genau. Und, waren die so schlecht, mal ehrlich?

Na ja, nein, eigentlich nicht.

Eben! Und nun lass den Kopf nicht länger hängen. Trüffel, das war gestern. Trüffel, davon kannst du träumen. Es ist immer gut, noch etwas zu haben, wovon man träumen kann. Weißt du, Borstenvieh, ich kenn da einen Acker, nicht weit von hier, mit Rüben, so süß und lecker ...